电动汽车充换电设施施工验收工作手册

中国电力企业联合会标准化管理中心
能源行业电动汽车充电设施标准化技术委员会 　主编

中国电力出版社
CHINA ELECTRIC POWER PRESS

内 容 提 要

本工作手册依据 NB/T 33004—2020《电动汽车充换电设施工程施工和竣工验收规范》，以及现行电动汽车充换电设施国家、行业、中国电力企业联合会团体标准有关要求，围绕电动汽车充电站、换电站、分散式充电设施三种不同应用场景，将充换电设施的施工验收业务按施工前期、工程施工、验收规范进行了标准固化，对充电设施建设手续、施工要求、验收标准进行了归纳。

本工作手册共分五章，主要内容包括概述、施工前期、充电站施工验收、换电站施工验收、分散式充电设施施工验收。施工前期包括充换电设施布局选址、建设手续、电力报装及施工管理等。充（换）电站施工验收包括建筑主体、设备基础、场地及道路、电缆沟及电缆排管、雨棚、消防、给排水、标识标牌、电缆桥架等工程施工及验收；充（换）电站的电气安装包括配电设备、电缆敷设等供电系统安装，充（换）电设备、监控系统、防撞设施等辅助设施安装。分散式充电设施的施工包括电缆线路敷设、充电设备安装等。

本工作手册可供充电服务运营商、施工安装技术人员培训和自学使用，也可为电动汽车车主、物业等第三方提供参考。

图书在版编目（CIP）数据

电动汽车充换电设施施工验收工作手册/中国电力企业联合会标准化管理中心，能源行业电动汽车充电设施标准化技术委员会主编．—北京：中国电力出版社，2023.3（2023.9重印）
ISBN 978-7-5198-7568-8

Ⅰ．①电…　Ⅱ．①中…　②能…　Ⅲ．①电动汽车－充电－基础设施－工程施工－工程验收－手册　Ⅳ．①U469.72-62②TM910.6-62

中国国家版本馆 CIP 数据核字（2023）第 016659 号

出版发行：中国电力出版社
地　　　址：北京市东城区北京站西街 19 号（邮政编码 100005）
网　　　址：http://www.cepp.sgcc.com.cn
责任编辑：孙　芳（010-63412381）
责任校对：黄　蓓　于　维
装帧设计：赵丽媛
责任印制：吴　迪

印　　　刷：三河市航远印刷有限公司
版　　　次：2023 年 3 月第一版
印　　　次：2023 年 9 月北京第二次印刷
开　　　本：787 毫米×1092 毫米　16 开本
印　　　张：16
字　　　数：261 千字
印　　　数：1001—2000 册
定　　　价：108.00 元

《电动汽车充换电设施施工验收工作手册》
编　委　会

主　编　刘永东

副主编　武　斌　周丽波

编　委

中国电力企业联合会交通与储能分会	刘博文　马小琨
国网浙江省电力公司	张　扬
国网浙江电动汽车服务有限公司	袁　军　胡炯瀚
	查佳平　王善蓬
国网浙江省电力有限公司宁波供电公司	胡　海　周　斌
杭州市新能源汽车服务有限公司	宋书轩　戴咏夏
国网浙江省电力有限公司衢州供电公司	丁霄寅　俞剑锋
中国企业国有产权交易机构协会	王　艳
浙江华云电力工程设计咨询有限公司	徐　汶　杜俊红
浙江大有科技发展有限公司	宣　毅　戚　宁
蔚来汽车有限公司	张　宁　杨汉蕊
陕西电力科学研究院	锁　军　张钰声
上海电器科学研究院	刘　耿
国网电力科学研究院	桑　林　张　萱
	李旭玲
苏州电器科学研究院	胡　淳
深圳市计量质量检测研究院	张　梅

万帮数字能源股份有限公司	辛　宝
特来电新能源股份有限公司	王　冰
国网智慧车联网技术有限公司	吴尚洁
南方电网电动汽车服务有限公司	黄　焘
中国电力科学研究院有限公司	李涛永　张元星
奥动新能源汽车科技有限公司	卢　毅
许昌开普检测研究院股份有限公司	贺　春

随着全球新一轮科技革命和产业变革加速推进，汽车"电动化和智能化"趋势越发明显，经过 20 年研发和示范推广，我国新能源汽车产业已初具产业规模和技术优势。目前，我国新能源汽车产业链上下游基本实现贯通，电池、电机、电控等"三电"核心技术基本实现自主可控，产业总体发展水平全球领先。充换电设施作为电动汽车普及的重要保障，也得到了快速发展。

为促进电动汽车充换电设施施工行业健康发展，规范充换电设施建设项目竣工验收工作，保证工程质量，促进安全生产，能源行业电动汽车充电设施标准化技术委员会组织编制了《电动汽车充换电设施施工验收工作手册》。本工作手册作为一本专业性读物，系统全面、通俗易懂、图文并茂地介绍了电动汽车充换电设施施工验收要求及技术要点，使读者能更好地规范电动汽车充换电设施施工验收的组织和实施。

本工作手册的编写，凝聚了电动汽车充换电设施行业众多专家、学者和工程技术人员的汗水和心血。在此，向《电动汽车充换电设施施工验收工作手册》的出版表示诚挚的祝贺，向付出辛勤劳动的编写人员表示衷心的感谢！

中国电力企业联合会电动交通与储能分会

能源行业电动汽车充电设施标准化技术委员会

2023 年 1 月

加快发展电动汽车是党中央、国务院作出的重大决策部署，对于推动能源生产与消费革命，落实供给侧结构性改革、发展战略性新兴产业，具有十分重大的意义。

随着电动汽车快速增长，对电动汽车充电安全工作提出了更高的要求，而电动汽车充换电设施施工验收事关充电设备的安全可靠充电。目前充换电设施施工验收要求分布在不同技术标准和规范要求中，为明晰电动汽车充换电设施施工验收有关要求，更好地规范充换电设施施工验收的组织和实施，根据能源行业电动汽车充电设施标准化技术委员会工作计划，由国网浙江省电力有限公司、国网浙江电动汽车服务有限公司、国网衢州供电公司、国网宁波供电公司、杭州市新能源汽车服务有限公司、浙江华云电力工程设计咨询有限公司、浙江大有实业有限公司、衢州光明电力投资集团有限公司、粤动新能源科技有限公司、蔚来汽车有限公司、万帮新能源投资有限公司等有关科研机构和企业单位共同编制，编制组广泛调研，从充换电设施的施工规范、作业规范、验收规范等出发，提出了清晰全面、科学规范的电动汽车充换电设施施工验收要求及技术要点，形成了本工作手册，并开展了审核、审稿、专家评审等工作。

本工作手册依据 NB/T 33004—2020《电动汽车充换电设施工程施工和竣工验收规范》，以及现行电动汽车充电设施国家、行业、中国电力企业联合会团体标准有关要求，围绕电动汽车充电站、换电站、分散式充电设施三种不同应用场景，将充换电设施的施工验收业务按施工前期、工程施工、验收规范进行了标准固化，对充电设施建设手续、施工要求、验收标准进行了规范。

本工作手册的编写，是为了将管理制度与技术规范落地，把标准规范整合、翻译成工程人员看得懂、记得住、可执行的操作手册，以不断提高工程人员操作技能和技术水平。本工作手册体现了以下特点：

一是内容全面，流程清晰。其内容涵盖了充电站、换电站、分散式充电设施三种应用场景施工验收生产专项业务或操作，对充换电设施施工前期、工程施工、验收规范等事项进行了翔实描述，工作要点明确、步骤清晰、流程规范。

二是标准规范，注重实效。本工作手册中内容均符合国家、行业或中国电力企业联合会颁布的标准规范，结合工程施工实际，体现最新施工操作要求、规范和工艺。工程人员均可以从中获得启发，举一反三，不断提升操作规范性和安全性。

三是图文并茂，生动易学。本工作手册内容全部通过现场施工实景照片、操作流程图及简要文字说明等工程人员喜闻乐见的方式展现，使其真正成为大家的口袋书、工具书。

本工作手册供充电服务运营商、施工安装技术人员培训和自学使用，为电动汽车车主、物业等第三方提供参考。

本工作手册在编制过程中得到了各相关单位的大力支持和各级领导的悉心指导，凝聚了各位参与编写人员的心血，希望本工作手册对读者有所帮助，给予借鉴和启示。由于编者水平有限，疏漏之处在所难免，恳请读者提出宝贵意见。

中国电力企业联合会电动交通与储能分会
能源行业电动汽车充电设施标准化技术委员会
2023 年 1 月

目　录

第一章 概　　述

一、新能源汽车产业发展背景

发展新能源汽车是我国从汽车大国迈向汽车强国的必由之路，是应对气候变化、推动绿色发展的战略举措。近年来，我国坚持纯电驱动战略取向，新能源汽车产业发展取得了巨大成就，成为世界汽车产业发展转型的重要力量之一。当前，新能源汽车为世界经济发展注入新动能，我国新能源汽车进入加速发展新阶段，融合开放成为新能源汽车发展的新特征。

2009 年，财政部、工业和信息化部、科技部、国家发展改革委启动了"十城千辆节能与新能源汽车示范推广应用工程"，计划用 3 年左右的时间，每年发展 10 个城市，每个城市推出 1000 辆新能源汽车开展示范运行。2012 年国务院发布《节能与新能源汽车产业发展规划（2012—2020 年）》，首次将新能源汽车产业作为国家战略，四部委联合下发新能源推广应用配套政策，通过财政支持做大新能源汽车产业，新能源产业迎来了蓬勃发展期。2020 年 3 月，国家首次把新能源汽车充电桩列入"新基建"。2020 年 10 月 20 日，国务院办公厅印发了《新能源汽车产业发展规划（2021—2035 年）》，提出到 2025 年，新能源汽车新车销售量达到汽车新车销售总量的 20%左右，纯电动汽车成为新销售车辆的主流，公共领域用车将全面电动化。2021 年 5 月，国家发展改革委发布《关于进一步提升充换电基础设施服务保障能力的实施意见（征求意见稿）》，加快提升充换电基础设施服务保障能力，支撑新能源汽车产业发展，助力实现 2030 年前碳达峰、2060 年前碳中和。2021 年 7 月 30 日，中共中央政治局召开会议，要求挖掘国内市场潜力，支持新能源汽车加快发展。随着国家、省、市各种扶持政策的推出，新能源汽车产业将继续加速发展，电池及充电技术的有效突破，新能源汽车及配套的充电基础设施已迈入高速发展的轨道。近年国家层面新能源汽车行业主要政策如表 1-1 所示。

表 1-1 　　　　　近年国家层面新能源汽车行业主要政策

序号	名称	发布单位	时间
1	节能与新能源汽车产业发展规划（2012—2020年）	国务院	2012 年 6 月
2	《关于加快电动汽车充电基础设施建设的指导意见》（国办发〔2015〕73 号）	国务院办公厅	2015 年 9 月
3	《电动汽车充电基础设施发展指南（2015—2020）》（发改能源〔2015〕1454 号）	国家发展改革委、国家能源局、工业和信息化部、住房和城乡建设部	2015 年 10 月
4	《关于印发〈打赢蓝天保卫战三年行动计划〉的通知》（国发〔2018〕22 号）	国务院	2018 年 7 月
5	《提升新能源汽车充电保障能力行动计划》（发改能源〔2018〕1698 号）	国家发展改革委、国家能源局、工业和信息化部、财政部	2018 年 11 月
6	《绿色出行行动计划（2019—2022 年）》	中华人民共和国交通运输部、中宣部、国家发展改革委、工业和信息化部、公安部、财政部、生态环境部、住房和城乡建设部、市场监管总局、中国铁路总公司、机关事务管理局、中华全国总工会	2019 年 5 月
7	《节能与新能源汽车技术路线图 2.0》	工业和信息化部、中国汽车工程学会	2020 年 10 月
8	《新能源汽车产业发展规划（2021—2035 年）》	工业和信息化部	2020 年 11 月
9	《关于进一步提升充换电基础设施服务保障能力的实施意见（征求意见稿）》	国家发展改革委、国家能源局	2021 年 5 月
10	《关于 2022 年新能源汽车推广应用财政补贴政策的通知》（财建〔2021〕466 号）	财政部、工业和信息化部、科技部、国家发展改革委	2021 年 12 月

新能源汽车产业发展已经成为我国汽车产业转型升级的主流趋势。随着新能源汽车政策的支持，近年来新能源汽车保有量突飞猛进，新能源汽车发展趋势不可逆转，未来成长空间巨大。据公安部交管局最新统计数据显示，截至 2022 年底，全国新能源汽车保有量达 1310 万辆，其中，纯电动汽车保有量 1045 万辆，占新能源汽车总量的 79.78%。2022 年全国新注册登记新能源汽车 535 万辆，占新注册登记汽车总量的 23.05%，与上年相比增加 240 万辆，增长 81.48%。近五年，新注册登记新能源汽车数量从 2018 年的 107 万

辆到 2022 年的 535 万辆，呈高速增长态势。

充换电设施是电动汽车普及的基础和保障，是新型的公共基础设施，也是新基建的重要方向之一。大力推进充换电设施建设，有利于解决电动汽车充电难题，培育良好的电动汽车应用环境。据中国电动汽车充电基础设施促进联盟发布数据，截至 2022 年底，全国充电基础设施累计总量约为 521 万台，同比增加 99.1%。其中，公共类充电桩 179.7 万台，随车配建充电桩 341.2 万台。2022 年充电总电量达 213.2 亿 kWh，同比增加 91.0%，电动汽车充电需求快速增长。

积极发展新能源汽车产业，既是保障国家能源安全，有效缓解能源和环境压力，推动汽车产业可持续发展的紧迫任务，也是加快汽车产业转型升级、培育新的经济增长点和国际竞争优势的战略举措。随着电动汽车越来越多，作为电动汽车的电能补能设施，呈现良好发展势头，充换电并行、大功率充电、无线充电、有序充电是充换电技术发展的重点方向，充换电的快速性、安全性与便捷性将共同优化顾客的充电体验，形成更加良好的市场环境。

二、充换电设施主要类别

电动汽车充换电设施主要包括充电站、换电站和分散式充电设施。

1. 充电站

充电站是为电动汽车提供充电服务的专用场所，充电站一般由多台集中布置的充电设备以及相关的供电设备、监控设备、配套设施等组成。充电设备一般为非车载充电机，也称直流充电桩。直流充电桩一般是大电流，短时间内充电量大、桩体较大、占用面积大。直流充电桩适用于电动公交车、电动轿车、出租车、工程车等快速直流充电。

（1）电压：输入电压为交流三相 380V，输出电压等级为 200～950V DC。

（2）电流/功率：80～350A/20～450kW。充电电流大小、功率、时间长短主要取决于车载电池的充电性能。

（3）优点：充电时间相对短。乘用车一般为 0.5h，商用车一般需要 2～3h。

（4）缺点：成本较高，设备多，维护工作量大。

直流充电桩系统结构图如图 1-1 所示。充电站实景图如图 1-2 所示。

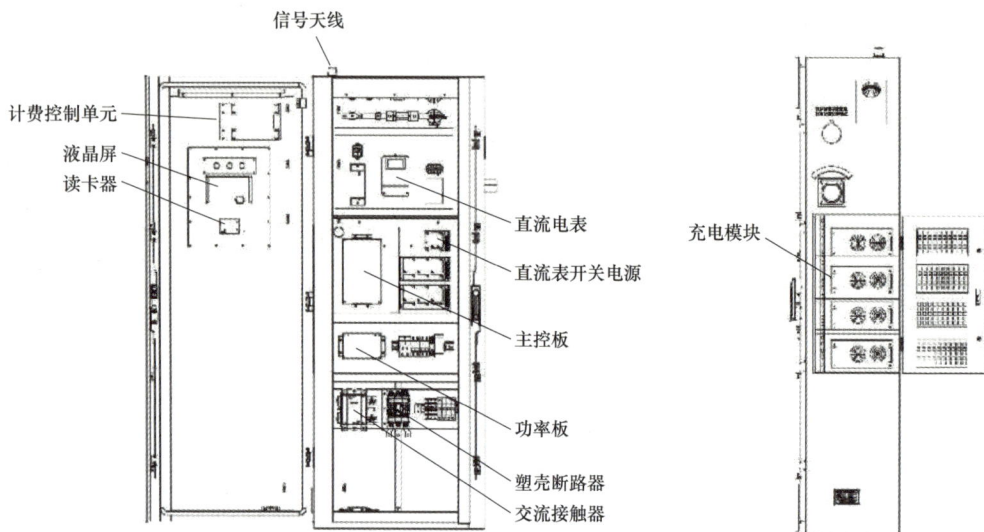

图 1-1 直流充电桩系统结构图

图 1-2 充电站实景图

2. 换电站

换电站是指采用电池更换方式为电动汽车提供电能的场所。电池更换模式包括商用车或乘用车的侧向换电、底部换电、中置换电和端部换电等。换电系统主要包括快换机器人、充电架、电池架等核心设备。换电站为新能源汽车换电的时间一般为 3～5min，随着技术的迭代，换电时间大幅缩短。

（1）分类：商用车换电/乘用车换电。

（2）关键技术：快速测量和定位技术、车辆姿态自动识别和测量技术、自动运行和控制、安全防护技术、电池质量诊断技术等。

（3）优点：能源补给时间短、有利于合理安排充电功率，减小冲击负荷。

（4）缺点：标准化难度大，兼容困难。

换电站系统结构如图 1-3 所示，换电站实景图如图 1-4 所示。

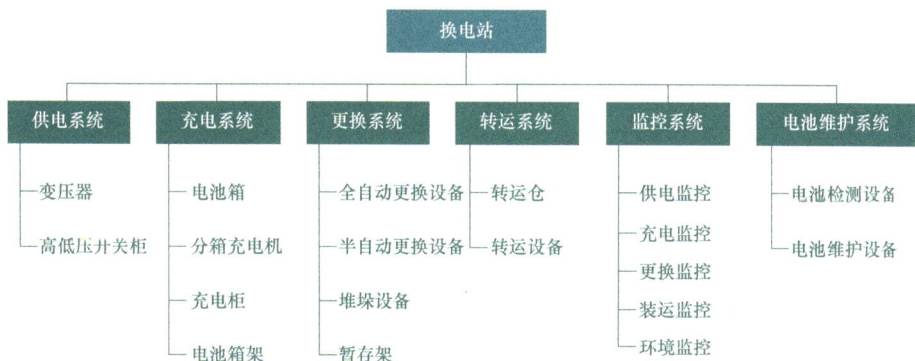

图 1-3　换电站系统结构图

图 1-4　换电站实景图

3. 分散式充电设施

分散式充电设施是结合用户居住地停车位、单位停车场、公共建筑物停车场、社会公共停车场、路内临时停车位等配建的为电动汽车提供电能的设施。分散充电设施由充电设备、供电系统、配套设施等组成。充电设备可包括直流充电桩、交流充电桩和小功率直流充电桩。交流充电桩是指采用传导方式为具有车载充电装置的电动汽车提供交流电源的专用供电装置。交流充电桩、小功率直流充电桩一般是小电流、桩体较小、安装灵活，适用于小型电动乘用车，多应用于公共停车场、大型购物中心和社区车库中，家用充电桩也多为交流充电桩。

（1）优点：设备和安装成本低，易维护。

（2）缺点：因为车载充电机功率普遍比较小，所需充电时间长一般不用于大型公交车。

分散式充电设施实景图如图1-5所示。

图1-5　分散式充电设施实景图

第二章 施 工 前 期

第一节 布 局 选 址

良好的布局选址是保障充换电设施安全、高效建设运营的重要前提。本节从布局原则、场地、消防、环境等四方面对充换电设施建设选址提出通用要求，并结合充、换电设施的特点明确充电设备、换电设备在站区布置的专用要求。

一、通用要求

（一）布局原则

充换电设施建设应做到科学布局，在规划布点时需遵循以下原则：

（1）充换电设施应与本地区电动汽车发展现状、应用领域相适应，并适度超前，满足推动电动汽车发展的需求。

（2）充换电设施应与城乡规划、交通规划等相结合，满足地方经济与绿色交通发展的要求。

（3）充换电设施应与电网发展规划相结合，提高资源利用效率，充分保障电动汽车的电能供给。

（4）充换电设施应考虑电动汽车、动力电池、充换电技术的发展趋势，满足用户便利出行的需求。

（二）场地要求

充换电设施建设应充分考虑电力、交通等基本条件，在站址选择时需考虑以下要求：

（1）充换电设施场地宜充分利用就近的供电、交通、消防、给排水及防排洪等公用设施，站区、电源进出线走廊、给排水设施、防排洪设施、进出站道路等布局合理。

（2）充换电设施场地应避开高压电力电缆、燃气管线、消防管道、架空电力线路等重要管线。

（3）城区内充换电设施场地宜靠近城市道路，不宜选在城市干道的交叉路口和交通繁忙路段附近。入口和出口至少一条车道与站外道路连接，充电站应设置缓冲距离或缓冲地带。

（4）充换电设施不应设在有剧烈振动或高温的场所。如临近消防泵房、发电机房、锅炉间、冶炼车间等位置。

（5）充换电设施原则上不设在地势低洼和可能积水的场所。

（6）充换电设施应具备一定的通风条件。如场地通风条件不足，应增加低噪声机械排风装置，且通风管道应采用阻燃材料。

（7）充换电设施宜考虑安装防雨、雪等防护设施，对站内充电设备增强保护的同时，为进站充换电的电动汽车驾乘人员提供便利。

（三）消防安全要求

充换电设施应重视火灾风险防范，在设计阶段需考虑以下要求：

（1）充换电设施应配置有效的防火、灭火设施，宜选取具有消防给水系统的场地建设。

（2）若场站内未设置消防给水系统，宜就近接入市政消防管道。在 50m 范围内，最大不超过 75m，没有消防水源的，应加装净容积不小于 6m³ 的消防水箱，北方地区还因考虑水箱防冻措施。

（3）充换电设施进出通道（消防环岛）应不影响消防车辆通行、消防通道以及消防栓的使用，通行宽度不应小于 4.5m，转弯半径不宜小于 9m。

（4）室内充换电设施应具备消防应急照明和疏散指示，还应具备自动喷水灭火系统、排烟等设施。

（四）环境要求

充换电设施所处环境因素可能影响设备运行和寿命，在设计阶段应考虑以下要求：

（1）充换电设施应从声源上控制噪声，宜优先选用低噪声设备。距离噪声敏感建筑物（居民区、学校、医院等）宜超过 20m。根据 GB 3096—2008《声环境质量标准》，居民、文教区噪声标准值应控制在昼间 55dB、夜间 45dB，如无法达到该标准，则相应增加与噪声敏感建筑物的距离。经营性充换电设施宜在站内设置"禁止喧哗"等提醒告示，如有需求可增设隔音墙等设施，降低充电活动对周边群众的影响。噪声测量应在可能受影响的敏感建筑物窗外 1m 处进行。

（2）充换电设施不宜设在多尘或有腐蚀性气体的场所，当无法远离时，不应设在污染源盛行风向的下风侧。沿海地区应考虑防盐雾措施，对充换电设备外壳喷涂件、内部线路板、接插件等部件应采用三防漆，满足 T/CEC 214—2019《电动汽车非车载充电机高温沿海地区特殊要求》和 T/CEC 213—2019《电动汽车交流充电桩高温沿海地区特殊要求》。

（3）对于采用钢结构、膜结构顶棚的充换电设施，还应结合当地暴雪、台风、地震等历史气候条件和灾害可能性，考虑防风、抗震能力。如东南沿海城市，钢结构、膜结构顶棚的抗风等级应达到 12 级及以上。

（4）充换电设施应满足配电设备、充电设备技术说明书要求的温度、湿度、海拔等其他工作环境条件。

二、专用要求

（一）充电设备布置

充电设备布置应遵循安全、可靠、适用的原则，需考虑以下要求：

（1）充电设备布置便于安装、操作、搬运、检修、调试，并应预留设备维护检修空间。

（2）充电设备布置应便于电动汽车的出入和停放。

（3）充电设备不应布置于疏散通道上，且充电时不应影响人员疏散。电动汽车在停车位充电时不应妨碍区域内其他车辆的充电与通行。

（4）充电设备应采取必要的防撞措施，如防撞栏、防撞柱、防撞水泥墩等方式，并采用黄黑条纹双色警示型、反光型涂装。对于设置钢结构、膜结构顶棚的乘用车充换电设施，如顶棚外沿的高度较低，可能存在被途径的其他大型车辆剐碰风险，宜在顶棚外延端部加装警示灯具。

（5）私人建筑内充电桩不应安装在厕所、浴室等其他易积水场所的正下方，或靠近易潮湿、滴水的墙面；应尽量安装在儿童及宠物接触不到的区域；四周应尽量避免堆物，与其余可能散发较多热量的家用电器保持足够距离。

（二）换电设备布置

换电设备应设置于开阔地面，上方宜无遮挡物，占地面积按照采用的换电设备实际设计参数确定，一般不低于 $10m \times 8m$。

换电设备车辆进出口前方的行车通道宜不低于 6m。

换电设备场地承载力宜不低于 $800kg/m^2$，或应使用可靠的工程技术加固使得承载力不低于 $800kg/m^2$。

换电设备场地入口到换电设备所在位置应有足够的运输通道，具备中大型吊车作业条件。

第二节　建　设　手　续

政府、事业单位、政府投融资平台等有关单位使用政府性资金投资建设充电基础设施由同级发展改革部门审批。

企业投资充电基础设施项目实行备案制，由属地政府确定的备案机关备案；跨行政区域的，由上一级政府确定的备案机关备案。备案可实行网上备案。

个人在自有停车库（位）建设或安装充电设施，无需单独向所在地充电基础设施建设牵头部门办理投资备案手续，应向所在地供电单位办理用电申请。

一、建设备案

企业在开工建设前，应通过在线平台将项目信息告知备案机关并对备案项目信息的真实性负责。企业告知的信息应按照备案机关要求内容填报齐全，备案机关收到全部备案信息即为完成备案。

充换电设施与主体工程同步建设的，可以与主体工程一并审批或备案，不对充电基础设施进行单独审批或备案。

部分地区充换电设施建设单位在居民区地下停车场批量加装充电设施，需联系人防设计单位出具设计变更方案，并在人防部门进行备案。

建设备案的内容一般如下：

（1）企业基本情况。

（2）项目名称、建设地点、建设规模、建设内容。

（3）项目总投资额。

（4）项目符合产业政策的申明［包括合法取得建设场所所有权（或使用权）或与建设场所所有权（或使用权）人达成建设意向的申明］。

（5）政府部门规定的其他相关资料。

网上备案示例详见附录 A。

二、施工许可

个人在自有停车库（位），政府和企事业单位在各居住区、单位既有停车位安装充电设施的，无需办理建设用地规划许可证、建设工程规划许可证和施工许可证。

政府和企事业单位建设城市公共停车场时，无需为同步建设充电桩群等充换电基础设施单独办理建设工程规划许可证和施工许可证。

政府和企事业单位新建独立占地的集中式充换电站应符合城市规划，并办理建设用地规划许可证、建设工程规划许可证和施工许可证。

第三节 电 力 报 装

充换电基础设施所有权人新建和扩建充电基础设施，应当通过供电企业线上或线下营业渠道向属地供电企业报装，并按照供电企业出具的供电方案进行配套配电设施建设和手续办理。

一、充电设施高压用电报装、增容

（一）报装、增容流程

当充电设施容量较大，供电方案答复为高压接入时，一般按以下流程办理（增容流程与新装流程一致）：

（1）充电设施接入电压等级为 10～20kV 高压时，报装一般有申请受理、供电方案答复、竣工检验、装表接电四个环节，如图 2-1 所示。

```
申请受理 → 供电方案答复 → 竣工检验 → 装表接电
```

图 2-1　报装流程（10～20kV 电压等级）

（2）充电设施接入电压等级为 35kV 及以上、充电设施作为重要或特殊负荷、多电源或专线接入时，报装一般有申请受理、供电方案答复、设计文件审核、中间检查、竣工检验、装表接电六个环节，如图 2-2 所示。

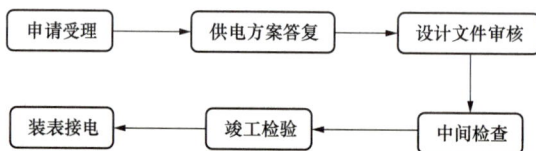

```
申请受理 → 供电方案答复 → 设计文件审核
                              ↓
装表接电 ← 竣工检验 ← 中间检查
```

图 2-2　报装流程（35kV 电压及以上等级）

（二）报装要求

充电设施高压用电新装、增容的各环节需要完成的工作和提交的资料一般按以下内容开展：

（1）申请受理环节。充电设施建设单位需按照要求提供有效身份证明、用电地址权属证明、允许施工证明等申请资料。

（2）供电方案答复环节。属地供电单位在受理用电申请后，将按约定时间至供电条件，并在受理后一定时间内答复供电方案。供电方案有效期自签收之日起一年内有效，如有特殊情况，需延长供电方案有效期，务必在有效期到期前十天提出申请。

（3）设计文件审核。充电设施建设单位应根据供电方案自主选择有相应资质的设计和施工单位，根据供电方案答复单开展受电工程设计和施工。重要或特殊充电设施在设计完成后，充电设施建设单位应及时提交受电工程设计文件和有关资料。

（4）中间检查环节。在电缆管沟、接地网等隐蔽工程覆盖前，充电设施建设单位应及时通知供电企业进行中间检查。

（5）竣工检验环节。充电设施受电工程竣工并自验收合格后，充电设施建设单位应携带工程设计和施工单位的资质证书、工程设计文件、隐蔽工程施工记录、竣工图纸、电气试验及调试记录等竣工资料到供电企业营业窗口办理竣工报验申请，由供电企业组织进行竣工检验。对竣工检验中发现的问题，充电设施建设单位应按《受电工程竣工检验意见单》及时整改，整改完成后重新提交竣工检验申请或办理复验手续，直至检验合格。

（6）装表接电环节。充电设施建设单位在受电工程检验合格，结清营业费用，并完成《供用电合同》（还需与售电主体签订《购售电合同》）及相关协议签订后，供电企业将在规定时间内装表接电。

（7）其他事项。一般对申请新装及增加用电容量的两路及以上多回路供电（含备用电源、保安电源）用电户，除供电容量最大的供电回路外，对其余供电回路按各地文件规定收取高可靠性供电费用。

高压报装资料清单详见附录 B。

二、充电设施低压用电报装

当充电设施容量较小（包括居民个人充电桩），供电方案答复为低压接入时，报装时共有用电申请、装表接电两个环节。

（一）报装流程

低压报装流程如图 2-3 所示。

```
┌────────┐      ┌────────┐
│ 用电申请 │─────▶│ 装表接电 │
└────────┘      └────────┘
```

图 2-3　低压报装流程（低压小容量）

（二）业务办理说明及注意事项

充电设施低压用电报装的各环节需要完成的工作和提交的资料一般按以下内容开展。

（1）充电设施建设单位或个人安装充电设施需要向供电企业提交用电申请并签订相关合同。

（2）充电设施建设单位一般需准备有效身份证明、用电地址权属证明、允许施工证明等申请资料并签订《电动汽车充换电桩供用电协议》，个人申请一般还需提供电动汽车购车意向协议、购车发票或电动汽车行驶证。

（3）充电设施建设单位应当按照国家有关规定，自行购置、安装合格的剩余电流动作保护器，确保用电安全。如果用电申请涉及受电工程施工，充电设施建设单位应自主选择有相应资质的施工单位和设备材料供应单位，所委托的施工单位应取得电力监管机构颁发的相应级别的《承装（修、试）电力设施许可证》；所购买的低压电气设备应获得国家强制性产品认证证书（即 3C 证书），提倡使用节能电气产品，严禁使用国家明令淘汰的电气产品。

（4）供电企业收到报装充电设施用电申请并签订相应合同后，在规定时间日内安排装表接电工作，特殊情况涉及外部配套电网工程施工或内部工程施工的，需根据约定在工程施工完成后完成装表接电。

低压报装资料清单详见附录 C。

第四节　施 工 管 理

充换电设施施工管理是施工企业经营管理的一个重要组成部分，为了完成施工任务，从接受施工任务起到工程验收止的全过程中，围绕施工对象和施工现场而进行的生产事务的组织管理工作。本节主要介绍充换电设施施工组织管理、施工质量管理及施工安全管理。

一、施工组织管理

（1）充换电基础设施施工应当由具备电力设施承装（修）或市政公用工程、机电安装工程施工资质的施工企业承担。

（2）施工单位应建立健全施工技术、质量、安全生产等管理体系，制定施工管理规定，并贯彻执行。

（3）施工单位在开工前应编制施工组织设计，施工组织设计包含施工准备、施工安排、主要施工方法、质量要求、其他要求等，并按规定程序审批后执行，有变更时应办理变更审批。

（4）施工单位应根据建设单位提供的施工范围内地下管线等构（建）筑物资料、工程和水文地质资料，组织有关施工技术管理人员深入沿线调查，掌握现场实际情况，做好施工准备工作。

（5）施工单位应熟悉和审查施工图纸，实行自审、会审（交底）和签证制度；发现施工图有疑问、差错时，应及时提出意见和建议；变更设计应按照相应程序报审，经相关单位签证认定后实施。

（6）施工临时设施应根据工程特点合理配置及布置。对不宜间断施工的项目，应有备用动力和设备。

（7）施工单位应采取有效措施控制施工现场粉尘、废气、废弃物及噪声、振动等对环境造成的污染和危害。

二、施工质量管理

（1）施工质量管理是在明确的质量目标条件下，贯彻执行施工工程质量法规和强制性标准，正确配置施工生产要素和强制性标准，正确配置施工生产要素和采用科学的管理办法，使工程项目实现预期的使用功能和质量标准。

（2）施工质量的目标要在施工工程承包合同的约定中体现，施工单位应制定工程质量管理措施、质量保证技术措施。主要包括以下注意要点：

1）质量控制的依据是国家的法律、法规、设计文件和相关的施工规范、标准。

2）选择具有与施工工程性质相适应的资质的施工单位，施工合同要明确工程的质量目标和质量义务。

3）施工单位制定的总体质量计划应包括质量目标、控制点的设置、检查计划安排、重点控制的质量影响因素等。

（3）施工单位应按充换电设施施工工程特点，分析影响工程质量的主要因素，从人、机、料、法、环入手，加以预控。

1）作业人员要持证上岗的必须保持证书在有限期内。坚持先培训后上岗、先交底后作业的原则。

2）进场的施工机械及机具要保持完好状态，其工作性能和精度能满足作业的需要，尤其是检测用的仪器仪表要检定合格，并在有效期内。工程管材、电缆、构（配）件和设备等产品进入施工现场时应进行现场验收并妥善保管。进场验收时应检查每批产品的订购合同、质量合格证书、性能检验报告、使用说明书、进口产品的商检报告及证件等，并按有关标准复验，验收合格后方可使用。在施工过程中使用的计量器具和检测设备，必须经检定或校准合格并在有效期内使用。

3）施工工程设备和材料要认真进行进场检验，确保其符合性，并做好符合其要求的仓储保管工作。

4）施工工艺文件或作业指导书要经审核批准，批准后要严格执行，不得擅自修改，新材料、新工艺的应用要先试验后使用。

5）有些作业对风、雨、雪、温度、尘、砂等环境条件的限制明确，达不到要求会明显影响作业结果的实体质量，因而要采取适合的防护措施。

（4）要有计划地安排各种形式的施工工程项目质量活动，如交流经验、办质量资料展览会、操作示范、质量问题论证等。

（5）施工单位施工质量监督管理部门要定期对施工过程的质量控制绩效进行分析和评价，明确改进目标和方向，保持质量管理工作的持续改进。施工单位应按照相应的施工技术标准对施工质量进行全过程控制,建设单位、勘察单位、设计单位、监理单位等应按有关规定对工程质量进行管理。

三、施工安全管理

（1）工程项目施工单位负责施工项目全过程的安全管理总体策划，并制定全场性的安全管理制度，经批准后监督执行。施工单位安全管理总体策划应建立安全目标承诺、安全管理组织机构，明确项目部经理、项目安全员、项目负责人、项目技术人、现场施工负责人等工作职责，落实安全管理主要职责、安全管理制度。

（2）在充换电设施施工工程招标前必须对施工单位的资质和条件进行审查，审查资料主要包括以下内容：

1）企业资质（营业执照、法定代表人资格证书）、业务资质［建设主管部门和电力监管部门颁发的资质证书，具备承装（修、试）电力设施许可证五级及以上资质，电力工程施工总承包三级及以上资质或输变电工程专业承包三级及以上资质］和安全资质（安全生产许可证、近 3 年安全情况证明材料）是否符合工程要求。

2）企业负责人、项目经理、现场负责人、技术员、专职安全生产管理人员是否持有国家合法部门颁发有效安全证件，作业人员是否有安全培训记录，人员素质是否符合工程要求。

3）施工机械、工器具、安全用具及安全防护设施是否满足安全作业需求。

（3）充换电设施施工工程项目应依法签订合同，并同时签订安全协议。合同的形式和内容应统一规范；安全协议中应具体规定发包方和承包方各自应承担的安全责任，规定包括承担的有关安全、劳动保护等事宜。

（4）建设单位与监理、施工单位等共同管理施工现场安全工作，明确施工项目的安全方针、目标、政策和主要保证措施；明确应遵守的安全法规、制度，并各自承担相应的安全责任。安全管理的要点包括：

1）对施工各阶段各部位和场所的危险源识别和风险进行分析，制定重要施工方案及特殊施工工序的安全过程控制，制定应对措施或应急预案，做到有效控制。

2）按管理制度规定，进行日常安全巡检，掌握安全信息，召开安全例会讲评安全情况和应采取防止事故发生的措施。

3）施工安全交底应包含工程名称、交底人、交底日期、接受交底人、工作内容、安全风险因素识别、风险防控措施、劳动保护用品、施工机具、备注等。

4）按上级有关部门布置组织进行定期或专项的安全检查，并将检查结果形成书面文件，通报全场各相关单位，并对检查中发现的事故隐患需及时整改的部位要跟踪监督整改情况，直至完善合格为止。

5）当发生安全事故时，按合同约定和相关法规规定，一方面要保护现场，积极抢救防止次生事故发生；另一方面要及时报告，并组织或参与事故的调查、分析和处理。

（5）建设单位应建立对监理、施工单位等的安全动态评价考核机制，通过准入资质审查、日常检查、季节性检查和年终评价等方式对其进行安全动态管理。

（6）充换电设施施工工程项目，按照合同约定和落实安全文明施工标准化工作需要，充换电设施施工工程业务部门应督促施工单位按规定计列、提取和使用安全文明施工费，分阶段拨付施工项目部使用，确保工程项目安全投入。

第三章 充电站施工验收

第一节 工程施工

充电站工程施工是指充电站本体及其附属工程所包含的土建和电气等方面现场作业。本章主要介绍充电站工程的施工主要流程和施工注意要点。施工过程中，应重视前期工程准备、施工条件复核、安全技术交底和现场安全质量管理，始终保持施工现场良好施工秩序，确保施工工艺质量全过程受控。

一、土建及其他配套设施

充电站土建施工一般包括设备基础、场地及道路、电缆沟及电缆排管、钢结构雨棚、消防设施、标识标牌等内容。大型集中式充电站还包括生产、生活建筑主体工程。

（一）建筑主体

充电站建筑主体工程施工一般包括基坑工程、土方回填、钢筋工程、预埋件安装、模板工程、混凝土工程、砖砌体工程、抹灰等内容，按照先地下、再地上顺序开展。

1. 主要流程

充电站建筑主体工程施工主要流程如图3-1所示。

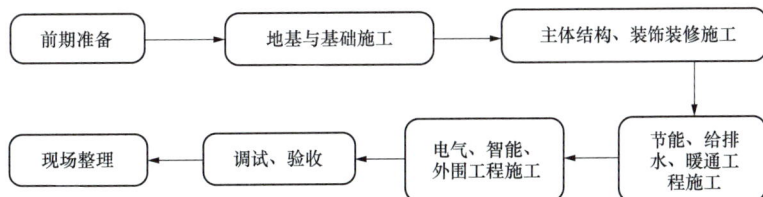

图 3-1 充电站建筑主体工程施工主要流程

2. 注意要点

充电站建筑主体工程施工时要注意以下要点：

（1）施工前项目业主、施工单位及设计单位需进行图纸交底及会审，帮助各方熟悉图纸内容。

（2）基坑基槽开挖前施工单位应核实地下管线，并注意高空电力线和通信线等，保持安全距离，并应根据资料对场内坐标及高程控制进行复核；开挖时应根据土质情况进行合理放坡、支护及距离控制，并注意对周边建构筑物的影响。

（3）土方应填筑压实，且回填方式及压实系数必须满足设计要求。耕植土、淤泥和淤泥质土等不能用作填料。填料含水量的大小，直接影响到夯实质量，在夯实碾压前应先做实验，以得到符合密实度要求条件下的最优含水率和最少夯实遍数，为了保证工程的进度应在挖土完成后，立即准备合格的回填土料。

（4）钢筋进货检验应检查钢筋产品合格证、出厂检验报告。进场以后应查对标志，做外观检查；按钢筋批次取样进行拉伸试验和弯曲试验。钢筋加工前应将表面清理干净。表面有颗粒状、片状老锈或有损伤的钢筋不得使用。钢筋加工宜在常温状态下进行，加工过程中不应对钢筋进行加热。钢筋应一次弯折到位。钢筋连接方式应根据设计要求和施工条件选用，接头宜设置在受力较小处，且接头设置应符合施工规范要求。浇筑混凝土之前，应进行钢筋隐蔽工程验收。

（5）小型预埋件可在混凝土施工完成后，混凝土初凝前再埋设，埋设后应进行混凝土振捣，保证埋件与混凝土连接紧密。大型预埋件，需在混凝土施工前固定；大型预埋件应按图纸要求设置排气孔。

（6）模板及支架应根据施工过程中的各种工况进行设计，应保证工程结构和构件各部分形状、尺寸和位置准确，应具有足够的承载力和刚度。模板安装由下至上逐层安装，先安装底层阶梯模板，用斜撑和水平撑钉牢撑稳。模板拆除时，可采取先支的后拆、后支的先拆，先拆非承重模板、后拆承重模板的顺序，并应从上而下进行拆除。

（7）混凝土拌和物入模温度不应低于 5℃，且不应高于 35℃。混凝土运输、输送、浇筑过程中严禁加水；混凝土运输、输送、浇筑过程中散落的混凝土严禁用于混凝土结构构件的浇筑。混凝土应布料均衡。应对模板及支架进行观察和维护，发生异常情况应及时进行处理。混凝土振捣应能使模板内各个部位混凝土密实、均匀，不应漏振、欠振、过振，且应采取防止模板、钢筋、钢构、预埋件及其定位件移位的措施。混凝土浇筑后应及时进行保湿养护，保湿养护可采用洒水、覆盖、喷涂养护剂等方式。养护方式应根据现场条件、环境温湿度、构件特点、技术要求、施工操作等因素确定。

（8）砌砖应提前 1～2 天适度湿润，不得采用干砖或吸水饱和状态的砖砌筑。砖砌体用"三一法"，每层砖错缝搭接，不得出现通缝。基底标高不同时应从低处开始砌筑，砌体的转角处和交接处应同时砌筑，当不能同时砌筑时，应按规定留槎。

（9）抹灰用的砂浆材料如水泥、砂、石灰膏、有机聚合物等的性能和配合比应符合设计要求。抹灰前应先对基体表面进行处理，填实缝隙，剔除凸出墙面的混凝土，检查墙基表面平整度、垂直度等。抹灰应分层进行，当抹灰总厚度大于等于 35mm 时或不同材料基体交接处表面的抹灰，应采取防开裂加强措施，当采用加强网时，加强网与各基体的搭接宽度不应小于 100mm。

（二）设备基础

充电设备基础施工主要包含前期准备、基坑开挖验槽、支架（钢筋）和地脚螺栓安装、预埋件安装、混凝土浇筑及保养、砖砌体抹灰等内容。

1. 主要流程

充电站设备基础工程施工主要流程如图 3-2 所示。

图 3-2 充电站设备基础工程施工主要流程

2. 注意要点

设备基础的施工准备、基坑基槽开挖、预埋件安装、模板工程、混凝土工程、砌体工程及抹灰工程的注意事项参照建筑主体工程的相关内容。

（三）场地及道路

充电站场地及道路施工按先施工基层、再施工面层顺序开展。

1. 主要流程

充电站场地及道路工程施工主要流程如图 3-3 所示。

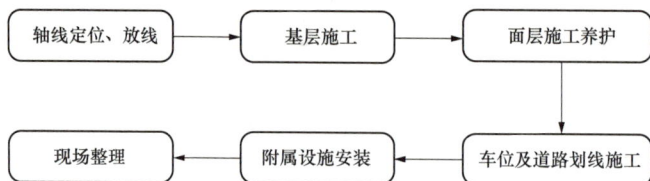

图 3-3 充电站场地及道路工程施工主要流程

2. 注意要点

充电站电缆沟及电缆排管工程施工时，除混凝土工程等注意事项参照建筑主体工程的相关内容外，还有以下注意要点：

（1）场地及道路基层处理应在道路红线范围内清除淤泥等不良原土和积水，在基坑外开挖排水沟以降低地下水位，并避免超挖扰动基层。

（2）填方尽量利用挖方，外购土应在购土前做好土方实验，符合要求后方可使用。填方应按顺序分层压实，保障压实质量。

（3）基层施工应通过洒水或晾晒、掺石灰等方法使得填方土料处于最佳含水量±1%之内时，使用压路机由两侧路肩向路中心碾压。如有"弹簧、松散、起皮"现象，及时翻开重新拌料和压实。使用灌沙法检测是否基层压实度达到设计要求。

（4）路面面层可采用混凝土面层或沥青面层，停车位面层可与路面面层相同或采用透水砖、植草砖面层。

（5）车位划线一般采用马路划线漆。车位线宽度一般不小于 7cm。停车区域主进、出口一般划减速线。

（6）车位与充电桩之间应设置停车限位器。

（四）电缆沟及电缆排管

充电站电缆沟及电缆排管施工按先开挖沟槽、再施工工作井、管沟和排管顺序开展。

1. 主要流程

充电站电缆沟及电缆排管工程施工主要流程如图 3-4 所示。

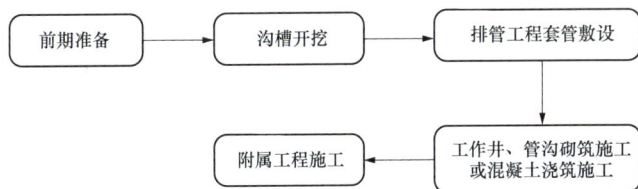

图 3-4 充电站电缆沟及电缆排管工程施工主要流程

2. 注意要点

充电站电缆沟及电缆排管工程施工时，除基坑基槽开挖、混凝土工程、砌体工程及抹灰工程等注意事项参照建筑主体工程的相关内容外，还要注意以下要点：

（1）电缆支架施工时，先在工作井和电缆沟上标示支架安装位置，再用焊接固定在预埋铁上或用膨胀螺栓固定在电缆沟及工作井侧壁上。主电缆沟与分支电缆沟应设置防火隔板。

（2）电缆排管套管施工：排管的电缆套管排列直顺、整齐，套管间距不小于 20mm，管口用管盖盖住；支架预埋件、套管应先在钢筋制作件上固定，再用锚固钢筋和槽钢框将预埋件与钢筋笼焊接固定，然后进行混凝土浇筑。

（3）电缆沟及工作井盖板在铺设时应进行位置调整，使其缝宽均匀。

（4）电缆敷设后应进行电缆排管管口，电缆沟穿防火分区、穿墙洞口等处防火封堵。

（五）电缆桥架

充电站电缆桥架施工主要包含走向布置、构件制作、桥架安装、接地和跨接线施工等工作。

1. 主要流程

充电站电缆桥架施工主要流程如图 3-5 所示。

```
┌──────────┐      ┌──────────┐      ┌──────────┐
│ 走向布置  │ ───→ │ 构件制作  │ ───→ │ 桥架安装  │
└──────────┘      └──────────┘      └──────────┘
                                          │
                                          ↓
                                  ┌──────────────┐
                                  │ 接地和跨接线施工 │
                                  └──────────────┘
```

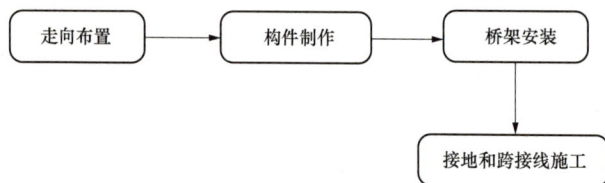

图 3-5 充电站电缆桥架施工主要流程

2. 注意要点

充电站电缆桥架施工时需要注意以下要点：

（1）桥架走向布置应不影响通道畅通和其他设备运行检修，与设施管线等应留有合理间距；吊顶内布置时盖板上方应有 80mm 以上间距；桥架及其支吊架安装应不影响受力点结构安全性；桥架每 30m 宜设置 1 处伸缩缝。

（2）支吊架和桥架构件制作应符合设计要求，无毛刺，无变形，无污损。

（3）桥架安装应先安装支吊架，再自下而上安装，整齐美观、结构牢固。

（4）桥架接地点应不少于 2 处，应采用与所敷设电缆相同电压等级接地电缆与接地网相连。接地电缆可采用截面面积为 $16mm^2$ 单芯铜芯电缆。桥架伸缩缝处应安装 2 根与接地电缆相同规格的跨接线。一般的总接地电阻小于等于 4Ω。

（六）钢结构雨棚

充电站钢结构雨棚施工主要包含前期准备、立柱基础施工、钢结构施工和雨棚顶面施工等内容。

1. 主要流程

充电站钢结构雨棚施工主要流程如图 3-6 所示。

```
┌──────────┐      ┌──────────┐      ┌──────────┐
│ 前期准备  │ ───→ │ 立柱基础施工 │ ───→ │ 钢结构施工 │
└──────────┘      └──────────┘      └──────────┘
                                          │
                                          ↓
                                  ┌──────────────┐
                                  │ 雨棚顶面施工  │
                                  └──────────────┘
```

图 3-6 充电站钢结构雨棚施工主要流程

2. 注意要点

充电站钢结构雨棚施工除前期准备和立柱基础施工参照建筑主体相关内

容外，钢结构和雨棚顶面施工需要注意以下要点：

（1）钢结构施工应先支柱、后悬臂顺序开展安装。焊接应采用与主材材质相匹配焊材和焊接工艺，焊缝高度不小于结构件最大壁厚。焊缝高度不小于结构件最大壁厚，且避免在立柱上直接焊接、引弧。当采用钢筋混凝土结构雨棚时，构件的钢筋搭接点应相互错开，不应在同一平面上。钢结构涂装应先除锈，再根据涂料厂家说明书进行配比和涂刷。雨棚钢结构立柱应可靠接地。

（2）雨棚顶面应保持膜结构的曲率和形状，保证最大雨量气象条件下雨棚出水。

（七）消防设施

充电站消防设施施工主要包含前期准备、消防通道布置、消防设施安装调试等内容。

1. 主要流程

充电站消防设施施工主要流程如图 3-7 所示。

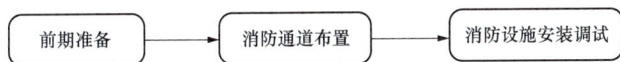

前期准备 → 消防通道布置 → 消防设施安装调试

图 3-7 充电站消防设施施工主要流程

2. 注意要点

充电站消防设施施工需要注意以下要点：

（1）前期准备应结合属地消防管理部门要求。

（2）消防通道布置时应确保道路布局、形状、强度、坡度和宽度符合场地人员疏散和消防车辆进出需要。

（3）ABC 手提式灭火器或手推车移动式灭火器，配置数量宜按不少于每4 个桩配置 2 个 3kg 手提式灭火器或 1 台 25kg 手推车灭火器。手提式灭火器应配置灭火器箱。消防设施应布置在显眼位置，定点放置，挂设灭火器维护记录表、标示牌。

（八）标识标牌

充电站标识标牌施工主要包含前期准备、标识标牌安装、电气接线等内容。

1. 主要流程

充电站标识标牌施工主要流程如图 3-8 所示。

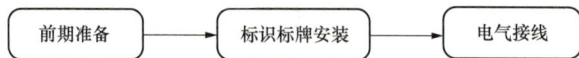

图 3-8　充电站标识标牌施工主要流程

2. 注意要点

充电站标识标牌施需要注意以下要点：

（1）前期准备应结合站内外布局做好整体策划，在恰当位置配置必要引导、警示和标示的标识标牌。

（2）标识标牌安装应整齐美观，结构牢固，风格与环境相协同。

（3）电气接线应接线牢固，绝缘良好，并配置漏电保护装置。

二、供电系统

供电系统主要是指由供电电源和配电设施组成的充电设施电能供应系统。供电系统施工主要包含配电变压器安装、配电设备安装、配电线路敷设、接地系统施工、供电系统试验与调试等。

（一）配电变压器安装

配电变压器主要分为室内变压器、箱式变压器及杆上变压器三种，以下以室内变压器为例进行讲解。配电变压器安装主要有到货及现场检查、配电变压器二次搬运及安装、配电变压器附件安装、绝缘护罩安装及配电变压器接线等工作。

1. 主要流程

配电变压器安装施工主要流程如图 3-9 所示。

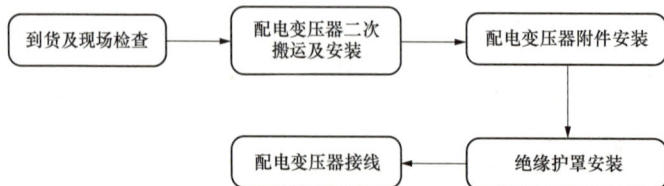

图 3-9　配电变压器安装施工主要流程图

2. 注意要点

配电变压器安装注意要点如下：

（1）配电变压器应符合设计要求，附件、备件应齐全。本体及附件外观检查无损伤及变形，油漆完好。油箱封闭良好，无漏油、渗油现象，游标处于右面正常。室内相对湿度宜保持在 70% 以下。

（2）配电变压器二次搬运应由专业起重人员进行作业，并做好防潮、保护措施，防止受损。安装最小环境距离应符合设计要求，做好防振、降噪措施。

（3）配电变压器附件安装前应做好相关检查，例如硅胶是否失效、非电量传感器应按说明书位置安装、气体继电器需水平安装。防潮呼吸器安装时，应将呼吸器盖子上的橡皮垫去掉。

（4）配电变压器安装绝缘护罩时扣件应正确到位，相色与变压器相位一致。

（5）配电变压器的一二次连接线、地线、控制管线均应符合相应规定，裸露带电部分应做绝缘处理。

（二）配电设备安装

配电设备包含高低压开关柜、封闭母线等。配电设备的安装主要有到货及现场检查、开关柜安装、低压封闭母线支架安装以及低压封闭母线安装。

1. 主要流程

配电设备安装施工主要流程如图 3-10 所示。

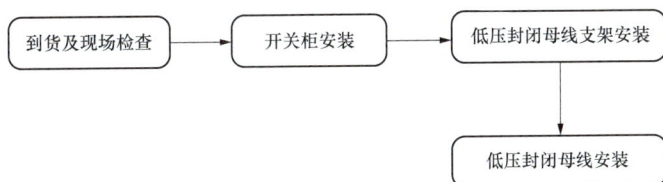

图 3-10　配电设备安装施工主要流程图

2. 注意要点

配电设备安装注意要点如下：

（1）配电设备包装及密封良好。开关柜外观无机械损伤、变形和油漆脱落，柜面平整、附件齐全，柜门标注的模拟接线图与开关柜内实际接线一致。手推车、传动装置等动作正确。

（2）开关柜柜体底座与基础槽钢采用螺栓连接，连接牢固，接地良好，依据设计图纸核对每面开关柜的安装位置。柜内母线安装时应检查柜内绝缘子安装方向是否正确，动、静触头位置正确、接触紧密。先进行二次配线，再进行接线，接线全部完成后再进行封堵。

（3）低压封闭母线支架符合设计要求。膨胀螺栓固定支架不少于两条，一个吊架应用两根吊杆，固定牢固。焊接处做防腐处理。一段母线不少于两处接地。

（4）低压封闭母线应按设计和产品技术规定组装。母线槽沿水平安装，母线槽的端头应装封闭罩并可靠接地。母线与开关柜连接宜采用软连接。

（三）配电线路敷设

充电设施的配电线路包含高压 10kV 电缆及低压电缆。配电线路敷设主要有到货及现场检查、10kV 高压电缆敷设、低压电缆敷设，以及电缆终端制作、电缆固定等施工。

1. 主要流程

配电线路敷设主要流程如图 3-11 所示。

图 3-11 配电线路敷设主要流程图

2. 注意要点

配电线路敷设要点如下：

（1）到货及现场检查。电缆及附件的规格、型号及技术参数等应符合设计要求。检查电缆有无机械损伤，封端是否良好。根据施工设计图纸选择电缆路径，沿路径勘查，查明电缆线路路径上临近地下管线，检查电缆与其他管道、道路、建筑是否满足最小允许净距需符合要求。电缆敷设前，应进行通管，检查电缆管内无积水，无杂物堵塞。

（2）10kV 高压电缆敷设时，机械牵引、最小弯曲半径等都需满足现行的国家标准。电缆终端和接头处应留有一定的备用长度，电缆中间接头应放置在电缆井或检查井内。电缆终端制作前，应将用于牵引部分的电缆切除，电缆敷设后，电缆终端应悬空放置，将端头立即做好防潮密封。

（3）低压电缆敷设时，相同电压的电缆并列明敷，应保持电缆间的净距大于等于 35mm。金属电缆沟支架应加塑料衬垫。电缆敷设后，电缆终端应悬空放置，将端头立即做好防潮密封。

（4）电缆终端制作时，用绝缘电阻表检查电缆的主绝缘和内护套绝缘。应根据电缆终端和电缆的固定方式，确定电缆终端的制作位置，并确认相序一致。10kV 电缆应在终端头制作完毕后进行交流耐压试验。

（5）电缆固定必要时加装过渡排，搭接后不得使搭接处设备端子和电缆受力。各相终端固定处应加装符合规范要求的衬垫。

（四）接地系统施工

接地系统一般采用 TN-S 方式（具有专用保护零线的中性点直接接地的系统），优先利用建筑物的自然接地。接地系统施工主要有接地沟开挖，垂直体加工及安装，接地网敷设、焊接，接地沟回填，设备接地安装，接地标识等。

1. 主要流程

接地系统施工主要流程如图 3-12 所示。

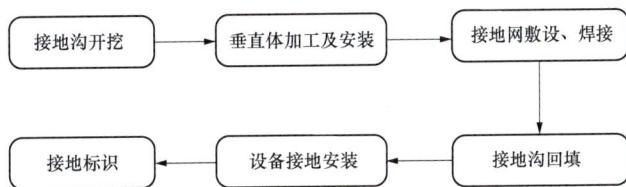

图 3-12 接地系统施工主要流程图

2. 注意要点

接地系统施工注意要点如下：

（1）根据设计图纸对接地网敷设位置、网格大小进行放线并进行接地沟开挖。

（2）垂直接地体的下端部切割为 45°～60°，垂直接地体上端的埋入深度应满足设计或规范要求，安装后在上端敲击部位采用防腐处理。

（3）接地网埋设深度不应小于 600mm。钢接地体的搭接应使用搭接焊。裸铜绞线与铜排及铜棒接地体的焊接应采用热熔焊方法。

（4）接地网的某一区域施工结束后，应及时进行回填土工作。回填土内不得夹有石块和建筑垃圾，不得有较强的腐蚀性物质。

（5）引上接地体与设备连接采用螺栓搭接，搭接面要求紧密，不得留有缝隙。充电设备及其他电气设备的接地应以单独的接地引下线与接地网相连，不得在一个接地引上线上串接几个电气设备。室内配电设备的接地端子应与建筑物接地可靠连接；室外配电设备在无法取得建筑物接地的情况下，需设置独立的接地网，其接地电阻不大于 4Ω。

（6）明敷接地垂直段离地面 1500mm 范围内采用黄绿漆标识，黄绿漆间隔宽度一致，顺序一致。

（五）供电系统试验与调试

供电系统在各项设备完成安装后应组织相关试验与调试，合格后方可投运，投运前需满足当地供电企业报装要求。试验与调试主要涉及变压器、配电设备、电缆等，注意要点如下：

1. 配电变压器

（1）测量绕组连同套管的直流电阻，测量值误差应小于平均值的 4%。

（2）检查所有分接头的变压比，与制造厂铭牌数据应无明显差别，且应符合电压比的规律，与额定变比在正负 0.5% 以内。

（3）检查变压器的三项接线组别，必须与涉及要求及铭牌上的标记和外壳上的符号点相符。

（4）测量绕组连同套管的绝缘电阻、吸收比或极化指数，应无闪络及击穿现象，吸收比大于 1.2，绝缘电阻值应不低于产品出场试验值的 70%。

（5）绕组连同套管的交流耐压试验，对系统标称电压为 10kV，最高电压为 12kV 的绝缘油的耐压标准为大于等于 35kV。

（6）额定电压下的冲击合闸试验应进行 5 次，每次间隔时间为 5min，应无异常现象。

（7）检查相位应与电网一致，且在变压器低压侧 1、2 段进线柜 A/B/C 用万用表分别进行核相。

2. 10kV 电力电缆

（1）应分别在 A/B/C 三相的每一相上进行绝缘电阻测量，耐压试验前后绝缘电阻测量值应无明显变化，橡塑电缆外护套、内衬层的绝缘电阻不低于 0.5MΩ/km。

（2）交流耐压试验应无绝缘闪络和绝缘击穿。

（3）直流漏泄试验观察漏泄电流的变化，升压时要均匀，耐压试验后要放电，注意电缆的耐压时间。

（4）检查电缆线路的相位，与电网相位相符且相色标注符合标准。

3. 配电设备

（1）测量配电设备中互感器绕组的绝缘电阻不低于 1000MΩ，绕组连同套管对外壳的交流耐压试验应为 2kV。检查互感器三项接线组别、极性以及互感器变比应与出厂值、出厂铭牌和标识相符。测量电压互感器一次绕组的直流电阻与出厂值比较相差不宜大于 10%。

（2）测量配电设备中真空断路器的绝缘拉杆的电阻值不应低于 1200MΩ，测量每相导电回路的电阻符合技术条件的规定，交流耐压试验应当在合闸状态下进行。试验电压除隔离断口外的相间、相对地、断路器断口的电压标准为 42kV，耐压过程应无绝缘击穿和闪络，断路器的分、合闸时间，主触头分、合闸的同期性等应满足设计要求。

三、充电系统

充电系统是指充电设施内部所有充电设备、电缆及相关辅助设备组成的系统，是充电设施的核心系统。本部分主要介绍充电设备（包括非车载充电机、交流充电桩）施工主要流程和注意要点，包括到货验收、设备安装、设备调试等内容。

（一）到货验收

充电设备运抵仓库或施工现场后，应组织到货验收。到货验收主要检查设备型号、规格等主要参数是否符合设计的要求，外观、结构是否完好无损，并核对设备技术说明书、出厂合格证书、检测检定证书等资料。

1. 主要流程

充电设备到货验收流程如图 3-13 所示。

图 3-13　充电设备到货验收流程

2. 注意要点

充电设备到货验收注意要点如下：

（1）检查设备铭牌、合格证，确认产品名称、产品型号、额定输入电压、额定输出电压、额定功率、生产厂商名称等主要规格参数符合技术文件及合同约定要求。

（2）外壳应平整，无明显凹凸痕、划伤、变形等缺陷；表面涂覆层应均匀，无脱落。

（3）柜体固定可靠，框架无变形，结构设计上可有效防止手轻易触及漏电部分。零部件（包括连接装置内触头）应紧固可靠，无锈蚀、毛刺、裂纹等缺陷和损伤。

（4）检查充电设备的出厂合格证、出厂检测报告、产品型式试验报告、计量装置检定报告（如涉及贸易结算）、技术说明书等资料是否齐全。

（二）设备安装

充电设备完成到货验收后，应安排施工人员对设备进行就位安装，并完成电气接线、设备接地，并做好防火封堵和内部接线标识。

1. 主要流程

充电设备安装的主要流程如图 3-14 所示。

2. 注意要点

充电设备安装注意要点如下：

设备就位 → 电气接线 → 设备接地 ↓ 防火封堵 ← 制作标识标牌

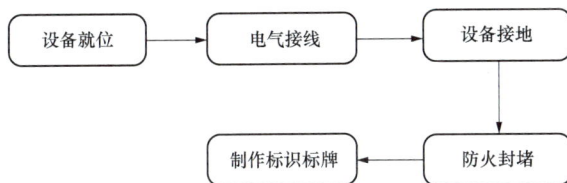

图 3-14 充电设备安装的主要流程

（1）充电设备安装固定前，应有防止倾倒的措施；就位后，应找平、找正，并立即将全部安装螺栓紧好，禁止浮放；室内安装时，宜使用膨胀螺栓固定；室外安装时，需制作底座，基础应高出充电站地坪 0.2m 及以上。安装高度应保证电气连接和人机交互操作方便，并通过设置防撞杆等方式，采取必要的防盗、防撞、防恶意破坏措施。

（2）根据充电设备产品技术说明书，确认使用的电缆规格、长度应符合设计要求。在连接电源线至设备电源输入接线端子时，应确认交流输入电源线相序、接地线安装到位，线缆规格与要求匹配。应固定进线电缆，无松动、绝缘层无破损等现象。应检查充电设备内部接线，确认枪线接头、各元器件接线正确且牢固，应无松动、断开现象；非车载充电机应检查整流电源模块是否固定牢固、接触良好；在连接充电设备二次回路时，应确认接线正确，接线端子应牢固，回路编号应正确、清晰标识。

（3）充电设备应设置外壳接地，使用专用接地螺栓，接地螺栓无锈蚀，防松装置应齐全，且有标识；设备柜门应采用裸铜线与接地金属构架可靠连接；二次回路应按设计及产品技术文件要求具备抗干扰、二次接地措施。

（4）应对充电设备电缆进线处、电缆沟（管）采用不燃材料或防火封堵材料进行封堵，封堵应严密、平整，形状规则，表面平整、光滑；应对充电设备底座叉车孔等进行严密封堵。

（5）充电设备柜内应具有接线、接地及安全标识，其标识应正确、完整、清晰、牢固。充电设备外部应具有明显的状态指示和文字提示，防止人员误操作。

（三）设备调试

充电设备就位安装后，应安排调试技术人员完成设备调试。充电设备调试检查主要包括通电前检查、通电后检查、各项功能调试，充电设备若需接入上级监控系统或运营管理系统，则还需要开展平台接入调试。

1. 主要流程

充电设备调试主要流程如图 3-15 所示。

通电前检查 → 通电后检查 → 各项功能调试 → 平台接入

图 3-15　充电设备调试主要流程

2. 注意要点

充电设备调试注意要点如下：

（1）充电设备通电前，应检查桩体内部是否干净整洁，确认无异物，无凝露痕迹，二次导线与电气元件应连接牢固、可靠，不应有接头；内部配线应整齐、清晰、美观、牢固，导线绝缘良好，无损伤；二次回路接地应设专用螺栓。应检查机械开关设备使用类别是否符合标准要求，断路器和隔离开关的使用类别不低于 AC-22A 或 DC-21A；接触器的使用类型不低于 AC-1 或 DC-1；断路器应具备过载和短路保护功能；应具备必要的防雷保护措施；若具备剩余电流保护器，宜采用 A 型或 B 型。应测量充电设备交流输入端相-相、相-地绝缘电阻是否符合绝缘要求，充电设备输出端充电枪各插针两两之间、插针对地的电阻是否符合绝缘要求。对于分体式直流充电桩，确保直流电缆整流柜与终端两头校线，两头正、负接线连接正确。

（2）充电设备通电后，应测量交流输入各相电压、线电压是否正常，辅助电源输出是否正常（12V 或 24V）。检查液晶显示屏是否亮，触摸是否正常；待机、充电、告警等状态指示及充电时间、充电电量、充电金额等信息是否正常显示。检查设备是否开始工作运行，是否有故障显示；充电机是否能正确执行设置操作，参数配置等信息是否正确；急停功能是否正常。

（3）充电功能调试应分别进行空载调试和带载调试。

1）空载调试。充电设备不插枪空载启动充电，检查充电设备是启动成功、是否有故障提示，能否正常启、停。

2）带载调试。把充电枪插入电动汽车充电枪口或标准测试设备，启动充电，检查启动是否成功，是否有故障提示；检查各充电模块工作是否正常，是否有故障。检查电表显示的电压、电流、电量是否正确；检查液晶屏上显示的充电电压、电流、电量是否正确；检查急停按键按下后，是否停止充电，切断电源输入和充电输出。

3）调试报告参考模板详见附录 D。

（4）充电设备需接入上级运营平台，调试人员应检查充电设备网络配置参数、服务器参数、设备编号等数据，检查网络连接是否正常。应检查平台是否正常上线；平台上显示的设备状态是否与现场情况一致，如空闲、插枪、故障等状态是否正常显示；检查远程启停是否成功；检查现场液晶屏上显示的充电电压、电流、电量等信息是否与平台上显示一致等。

四、监控系统

充换电站监控系统用于对站内充换电设施、充换电过程和设备维护过程进行视频监控，对出入口进行监视控制，并根据需要上传录像文件到上级管理的一整套系统，对于保障充换电站的安全运营有重要作用。监控系统施工主要包含管线敷设、设备安装、设备调试等。

（一）管线敷设

管线敷设一般包含核对施工图、现场准备、管路预埋、线缆敷设、线路检查五项工序。

1. 主要流程

管线敷设主要流程如图 3-16 所示。

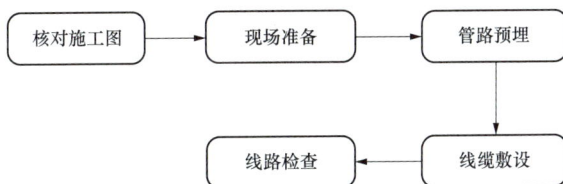

图 3-16 管线敷设主要流程图

2. 注意要点

管线敷设施工主要包含管路敷设、桥架敷设、线缆敷设。施工时注意点如下：

（1）管路敷设。

1）暗配管敷设于多尘和潮湿场所，应作密封处理。

2）暗配的管子宜沿最近的路线敷设并应减少弯曲；埋入管或混凝土内的管子离表面距离不应小于 15mm。

3）钢管与设备连接应加软管，潮湿处或室外应作防水处理。

4）吊顶内、护墙板内管路敷设，可参照暗敷工艺要求施工，接线盒可使用暗盒。

（2）桥架敷设。

1）桥架进行交叉、转弯、丁字连接时，应采用单通、二通、三通、四通等进行变通连接，桥架终端应加装封堵。

2）桥架经过建筑物的变形缝（伸缩缝、沉降缝）时，桥架本身应断开，槽内用内连接板搭接，不需固定。保护地线和槽内导线均应留有补偿余量。

3）在吊顶内敷设时，如果吊顶无法上人，应留检修孔。

（3）线缆敷设。

1）布放线缆时，每条线缆的两端有明显标志，以便于连接和检查，线缆标签应贴（绑）于线缆两端的明显处且不易脱落。

2）信号线与电源线分开敷设，不互相缠绕，平行走线，并避免在同一线束内。信号线及电源线在机架内布放时，分别在两侧走线。

3）线缆穿越上、下层或水平穿墙时，应用防火封堵材料将洞孔堵实。

（二）设备安装

设备安装包含核对施工图、施工现场准备、设备安装就位、系统防雷接地和制作标识标牌五项工序。

1. 主要流程

监控设备安装主要流程如图 3-17 所示。

```
┌──────────┐     ┌──────────┐     ┌──────────┐
│ 核对施工图 │ ──▶ │ 施工现场准备 │ ──▶ │ 设备安装就位 │
└──────────┘     └──────────┘     └──────────┘
                                        │
                                        ▼
┌──────────┐     ┌──────────┐
│ 制作标识标牌 │ ◀── │ 系统防雷接地 │
└──────────┘     └──────────┘
```

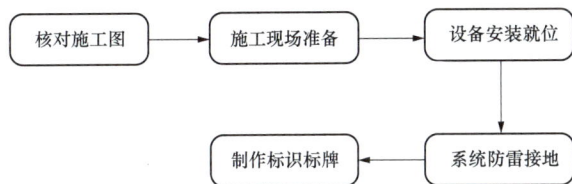

图 3-17 监控设备安装主要流程图

2. 注意要点

监控设备安装注意要点如下：

（1）设备安装。充换电站的道路和进出口等不固定监控对象的场所，应安装带云台的摄像机或者高速球，而针对充电桩、位等固定监控对象的场所，应采用枪式或筒形摄像机，室外场景应采用防水型设备。

（2）系统防雷与接地。

1）重要设备应安装电涌保护器，电涌保护器接地端和防雷接地装置应做等电位连接，等电位连接带应采用铜质线。

2）接地母线应采用铜质线，接地端子应有地线符号标记。

3）室外云台、枪式摄像机的护罩选用室外防水型护罩并加装前端防雷装置，立杆顶端加装避雷针一根，用于防范直击雷。

4）室外型摄像机（带云台）应在解码器前端安装防雷器。

（3）制作标识标牌。标识设计应显眼、美观。标识安装牢固，具备抗风能力。采用焊接时，应正确选用焊条和焊接工艺，焊缝高度不小于最薄材料的厚度，焊渣清除干净，焊缝无夹渣、咬边、气孔等缺陷。

（三）设备调试

监控设备就位安装后，应安排调试技术人员对设备进行调试，确保各项功能正常使用、性能符合要求。设备调试一般包含核对施工图、检测各级线缆、设备通电调试工序。

1. 主要流程

监控设备调试主要流程如图 3-18 所示。

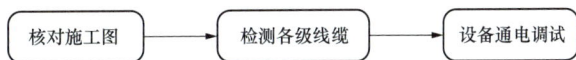

```
┌──────────┐     ┌──────────┐     ┌──────────┐
│ 核对施工图 │ ──▶ │ 检测各级线缆 │ ──▶ │ 设备通电调试 │
└──────────┘     └──────────┘     └──────────┘
```

图 3-18 监控设备调试主要流程图

2. 注意要点

监控设备调试注意要点如下：

（1）通电前检查。设备通电前，检查是否干净、整洁，确认无异物，内部配线应整齐、清晰、美观、牢固，导线绝缘良好，无损伤。

（2）通电后检查。接通设备内开关，检查设备指示灯显示是否正常，是否有故障显示。

第二节　竣　工　验　收

充电站竣工验收是指对充电站本体及其附属工程所包含的土建和电气等进行完整性、功能性、美观性检验试验，以及对施工与管理资料、工程实体和备品备件等方面接收检查工作。本节主要介绍充电站工程的验收工作要点。

一、土建及其他配套设施

充电站土建工程验收包含土建工程的施工与管理资料验收及工程实体检验试验，主要依据 GB 50300—2013《建筑工程施工质量验收统一标准》、GB 50204—2015《混凝土结构工程施工质量验收规范》、NB/T 33004—2020《电动汽车充换电设施工程施工和竣工验收规范》、DL/T 5210.1—2017《电力建设施工质量验收及评定规程　第 1 部分：土建工程》等标准规范。

（一）资料验收

土建工程资料应真实、清晰、整洁。资料内容主要有：

（1）卷册目录。

（2）开工及报审文件。

（3）施工图和图审记录。

（4）材料合格证、产品检验报告及报审文件。

（5）土建施工记录及报验文件，包含测量放线记录、施工记录、隐蔽工程签证、施工试验检测报告及报验文件。

（6）企业工程质量检验评定资料。

（7）竣工图纸及设计变更文件。

（二）建筑主体

建筑主体验收主要是对建筑方位、基槽、混凝土工程、砌体工程、抹灰工程等进行验收，主要验收标准如下：

（1）基坑基槽标高、长度、宽度偏差及表面平整度须符合规范要求。

（2）分层回填时，应在下层的压实系数经试验合格后进行上层施工。应检查排水系统，每层填筑厚度、碾迹重叠程度、含水量控制、回填土有机质含量、压实系数是否满足设计要求等。

（3）浇筑混凝土之前，应进行钢筋隐蔽工程验收，包括下列主要内容：

1）钢筋的牌号、规格、数量、位置；

2）钢筋的连接方式、接头位置、接头质量、接头面积百分率、搭接长度、锚固方式及锚固长度；

3）箍筋、横向钢筋的牌号、规格、数量、间距、位置，箍筋弯钩的弯折角度及平直段长度；

4）预埋件的规格、数量和位置。

（4）预埋件埋设固定校正无误后，浇筑混凝土之前，应进行隐蔽工程验收。浇筑完毕后，设备安装前应进行技术复核。预埋件的标高、水平偏差、中心偏差及平整度应符合设计及标准工艺要求。

（5）模板及支架应根据安装、使用和拆除工况进行设计，并应满足承载力、刚度和整体稳固性要求。

（6）混凝土的强度等级必须符合设计要求。用于检验混凝土强度的试件应在浇筑地点随机抽取。现浇结构的外观质量不应有严重缺陷，对已经出现的严重缺陷，应由施工单位提出技术处理方案，并经监理单位认可后进行处理；对裂缝或连接部位的严重缺陷及其他影响结构安全的严重缺陷，技术处理方案还应经设计单位认可。现浇结构的外观质量不应有一般缺陷，对已经出现的一般缺陷，应由施工单位按技术处理方案进行处理，对经处理的部位应重新验收。

（7）砖和砂浆的强度等级必须符合设计要求，砖砌体的转角处和交接处应同时砌筑，严禁无可靠措施的内外墙分砌施工。砖砌体尺寸、位置的允许偏差及检验应符合设计及工艺要求。

（8）一般抹灰所用材料的品种和性能应符合设计要求及国家现行标准的有关规定。抹灰表面应光滑、洁净、接槎平整，分格缝应清晰。

（三）设备基础

设备基础的基坑基槽开挖、预埋件安装、模板工程、混凝土工程、砌体工程及抹灰工程的验收要求参照建筑主体工程的相关内容。

（四）场地及道路

场地及道路验收主要是对面层质量、伸缩缝、尺寸等进行验收，主要验收标准如下：

（1）地面及路面：板面平整、密实，无石子外露、浮浆、脱皮、踏痕、积水等现象，灌缝饱满，无裂痕。

（2）伸缩缝及施工缝留置质量符合设计要求及工艺要求规定，位置准确，缝壁垂直，缝宽一致，填缝密实；传力杆必须与缝面垂直。

（3）路面泛水坡度正确，无积水。

（4）路面厚度偏差、宽度偏差、路面中线偏位、平整度最大间隙、纵断高程偏差、横坡度偏差、纵缝顺直度、横缝顺直度、井框与路面高差等需符合工艺要求。

（5）路缘石色泽一致，尺寸正确，倒角美观，无掉角、破损、裂纹现象。

（6）沥青路面表面应平整、坚实，不得有脱落、掉渣、裂缝、推挤、烂边、粗细骨料集中等现象，接槎平顺，不得有明显轮迹，未污染其他构筑物，与其他构筑物衔接顺畅，无积水现象。

（7）车位尺寸：小车车位，直车位不小于 2.3m×5.3m，斜车位不小于 2.8m×6m。大客车车位不小于 3.5m×12m。车位限位器安装在内侧，距边线不小于 0.9m。

（8）碎石场地：碎石色泽一致，级配优良，碎石铺设厚度均匀。

（五）电缆沟及排管

电缆沟及排管验收主要是对位置、外观质量、尺寸和支架等进行验收，主要验收标准如下：

（1）砌体电缆沟水平灰缝的砂浆饱满度大于等于80%，砌体中长度每300mm范围内4～6皮砖的通缝小于等于3处，且不在同一面墙体上，接槎处表面清理、干净，浇水湿润，并填实砂浆，保持灰缝平直，竖向灰缝不得出现透明缝、瞎缝和假缝。

（2）砖砌体沟壁电缆沟顺直，无明显进水，沟底排水畅通，无积水。

（3）砖砌沟道外壁应抹灰并采取防水措施。

（4）砖砌沟道中心线位移允许偏差小于等于10mm。沟道顶面标高允许偏差在−3～0mm之间。沟道截面尺寸偏差小于等于3mm。沟侧平整度偏差小于等于3mm。

（5）现浇混凝土沟壁内实外光，平整顺直，无明显修补痕迹；变形缝设置规范；沟底排水坡度顺畅，无明显积水，沟沿阳角倒圆弧；电缆沟过水槽设置合理。

（6）接地扁铁与支架连接可靠（电缆支架宜采用不锈钢内膨胀螺栓固定）。接地体跨越变形缝处应设有变形补偿措施。

（7）现浇混凝土沟壁在电缆沟转角处、交叉处宜增加钢筋混凝土（槽钢）过梁。

（8）现浇混凝土沟壁垂直度偏差小于等于3mm。沟壁表面平整度偏差小于等于3mm。

（9）电缆沟盖板角钢框规格与电缆沟盖板厚度匹配。

（10）盖板外观质量表面应平整，无扭曲、变形，色泽均匀。盖板安装平稳、顺直。

（11）沟道盖板钢边框偏差：长度小于等于2mm，宽度小于等于2mm，对角线小于等于2mm。

（12）沟道盖板偏差：长度小于等于3mm，宽度小于等于3mm，厚度小于等于2mm，对角线小于等于3mm，表面平整度小于等于3mm。

（13）电缆沟外观横平竖直，底板平顺，沟内无建筑垃圾，无积水、渗水。

（14）电缆沟抹面光洁、平整，无裂缝；钢筋混凝土壁面振捣密实，不得有蜂窝麻面。盖板无翘曲、翻动。

（15）电缆排管畅通、无堵塞。

（16）电缆井内壁抹面光洁、平整，不得有蜂窝麻面，无渗水现象。井口按设计要求安装爬梯、集水井。

（17）电缆支架整齐、美观、牢固。

（六）电缆桥架

电缆桥架验收主要是对其路由、外观、尺寸、接地和防火封堵等进行验收，主要验收标准如下：

（1）外观检查：部件齐全，表面光滑、不变形。钢制桥架光滑、涂层完整，无锈蚀。玻璃钢制桥架色泽均匀，无破损碎裂。铝合金桥架涂层完整，无扭曲变形，不压扁，表面不划伤。

（2）电缆桥架采用相同截面以上热镀锌扁钢接地线，电缆沟及电缆井内的通胀接地体两端及其与主地网交叉的地方应和主地网可靠相连。

（3）直线段电缆桥架超过 30m 时，应有伸缩缝，其连接宜采用伸缩连接板；电缆桥架跨越建筑物应设置伸缩缝。

（4）电缆桥架转弯半径应大于该桥架上敷设的外径最大电缆外径的 20 倍。

（5）金属电缆桥架及其支架应可靠接地；桥架全长不大于 30m 时，应 2 处与接地（PE）干线相连接；桥架全长大于 30m 时，每增加 30m 增加 1 处与接地（PE）干线相连接。

（6）电缆桥架与用电设备交越时，其间的净距大于等于 0.5m。

（7）两组电缆桥架在同一高度平行敷设时，其间净距大于等于 0.6m。

（8）电缆桥架宜高出地面 2.2m 以上，桥架顶部距顶棚或其他障碍物大于等于 0.3m，桥架宽度不宜小于 0.1m，桥架内横断面的填充率大于等于 50%。

（七）雨棚

雨棚验收主要是对位置、外观质量、结构件尺寸、顶面和接地等进行验收，主要验收标准如下：

（1）垫铁、地脚螺栓位置正确，底面与基础面紧贴，平稳牢固；地脚螺栓紧固。

（2）雨棚所使用材料必须符合设计和规范要求。雨棚构件外观表面无明显的凹面和损伤，焊渣、飞溅物、毛刺应清理干净。表面干净，无焊疤、油污、锈蚀、凹凸、失圆等，涂装层色泽均匀、无锈蚀。

（3）焊缝表面不得有裂纹、焊瘤等缺陷，不得有表面气孔、夹渣、弧坑裂纹、电弧擦伤等，且不得有咬边、未焊满、根部收缩等缺陷。

（4）中心线标记和标高基准点完备、准确、清楚，编号准确，构件应平直、无明显弯曲。

（5）焊缝高度不小于最小构件壁厚，无漏焊。

（6）雨棚钢结构安装高度偏差不大于 $H/1000$，且小于等于 25mm（H 为结构总高度）；整体平面弯曲小于等于 $L/1500$，且不大于 25mm（L 为结构总长度）。

（7）钢构件应符合设计要求和现行有关标准的规定，无因运输、堆放和吊装等造成变形及涂层脱落（或已矫正和修补）。

（8）棚顶宜经过浇水试验，无渗漏点，且排水顺畅，不积水。

（9）雨棚至少有 2 处接地点，经接地引下线接入接地网。

（八）消防设施

消防设施验收主要是对消防设施型号、数量、标识及消防栓系统安装质量等进行验收，主要验收标准如下：

（1）消防管道的支、吊架安装应平整牢固，其间距应符合有关标准的规定。

（2）消火栓的安装应符合下列规定：

1）栓口应朝外。

2）栓口中心距地面为 1.1m，允许偏差小于等于 20mm；

3）消火栓安装的垂直度允许偏差小于等于 3mm。

（3）消防系统必须进行水压试验，试验压力为工作压力的 1.5 倍，且不得小于 1.4MPa。

（4）消防管道在竣工前，必须对管道进行冲洗。管道畅通，出水清澈度与进水一致，无杂质、焊渣。

（5）消火栓的位置标识应明显，栓口的位置应方便操作。

（6）消防系统通水调试应达到消防部门测试规定条件。消防水泵应接通电源并已试运转，测试最不利点的喷洒头和消火栓的压力、流量是否满足规范要求。

（7）室外消防栓荧光安装在明显位置，与车位距离不宜大于 7m。室外消防给水管网一般应布置成环状；当室外消防栓流量小于等于 15L/s 时，可布置成枝状。向环状管网输水的进水管不应少于两条；当其中一条发生故障时，其余的进水管应能满足消防用水总量的供给要求。

（8）充电站配置的 ABC 手提式灭火器或手推车移动式灭火器应满足下列要求：

1）灭火器应符合市场准入的规定，具有出厂合格证和相关证书。

2）灭火器的铭牌、生产日期和维修日期等标识应齐全。

3）灭火器的类型、规格和数量配置符合设计要求。

4）灭火器筒体应无明显锈蚀缺陷和机械损伤。

5）灭火器的保险装置应完好。

（9）灭火器压力指示器的指针应在绿区范围内。

（10）充电站消防通道应畅通。消防通道宽度不小于 4m。

（九）标识标牌

标识标牌验收主要是对型号、数量、内容和外观等进行验收，主要验收标准如下：

（1）充电站标识字号、颜色、位置设置应醒目、美观。标牌安装牢固。

（2）充电车位一般设置"充电车位"标志，与一般停车位有明显区别。

（3）充电站设备应设置勿撞击、设备带电、接地点等标识。

（4）电缆沟在两端及每个穿墙处应挂设电缆标识牌。

（5）标识标牌应包含充电电价、操作指引、故障报修联系人等相关内容。

（十）工艺典型图例

土建施工验收典型图例见表 3-1。

表 3-1　　　　　　　　　　土建施工验收典型图例

序号	项目	注意要点	标准施工（示例）
1	建筑主体	建筑长宽高尺寸偏差应小于等于 10cm，外墙无裂纹、脱落、起皮现象，外涂层颜色均匀，无明显色差、混色	
2	墙面抹灰	抹灰墙面应光洁、色泽均匀，无抹纹、脱层、空鼓，面层应无爆灰和裂缝、接搓平整，分格缝及灰线清晰美观；同材料基体交接处表面的抹灰应采取防止开裂的加强措施：墙体与框架柱、梁的交接处采取钉钢丝网	
3	雨落水管道	室内浇水管采用石膏板包裹暗敷排出雨水系统，室外屋面落水管、雨篷排水管及空调排水管等采用明敷方式接入雨排水系统	

续表

序号	项目	注意要点	标准施工（示例）
4	设备基础	采用双面覆模竹胶板，模板拼缝采用双面胶缝，顶部水平面阳角采用人工倒圆角	
5	电缆沟	电缆沟外观平整、电缆沟内无积水	
6	电缆沟盖板	盖板外观质量表面应平整，无扭曲、变形，色泽均匀。盖板安装平稳、顺直	
7	雨水井	雨水井、雨水口采用预制雨水井、雨水口，雨水井四周采用雨花石嵌边，雨水口设不锈钢防护罩，工艺美观	

续表

序号	项目	注意要点	标准施工（示例）
8	混凝土道路	道路缩、胀缝设置位置准确，缝壁垂直，缝宽一致，填缝密实，传力杆必须与缝面垂直，胀、缩缝采用硅酮耐候密封胶，打胶顺直、弧度一致、美观清洁，路面平整密实、色泽均匀，无脱皮、裂缝、损坏、麻面、起砂、污染，路面泛水坡度正确，无积水	
9	车位	坡度不大于 8%，车位线采用马路划线漆，宽度不小于 70mm，设置车位限位器和防撞柱、杆	
10	电缆工作井	尺寸应不小于 0.8m；机动车道下方的工作井应采用钢筋混凝土浇筑，人行道下方的工作井可采用砖砌	
11	车棚	结构应符合场地地质、风雨雪载荷等要求；立柱、拉杆等结构件应严格控制负偏差；焊接处应及时清理焊渣，焊缝应采用连续焊	

续表

序号	项目	注意要点	标准施工（示例）
12	消防设施	充电站应在显眼处配置 ABC 型灭火器设施，方便取拿，并定期检查消防设施的有效性	
13	标识标牌	标识标牌应统一设计，标示准确，美观大方；安装应牢固；带灯光效果的应在电源开关处安装漏电保护	
14	电缆桥架	电缆桥架应顺直、整齐，不应有损坏变形部件；支吊架应坚固	

二、供电系统

供电系统施工验收的主要内容为资料验收，配电设备布置，变压器、配电隔离电器和附属导体、母线装置施工验收，配电线缆敷设验收，电能质量与计量要求验收，接地系统验收、调试及试验等，主要参照 GB 7251—2016《低压成套开关设备和控制设备》、GB 50168—2016《电气装置安装工程电缆线路施工质量验收规范》、GB 50169—2016《电气装置安装工程接地装置施工及验收规范》、GB 50171—2012《电气装置安装工程盘、柜及二次回路接线施工及验收规范》、GB 50150—2016《电气装置安装工程电气设备交接试验标准》等标准规范。

（一）资料验收

供电系统资料应真实、清晰、整洁。资料主要内容有：

（1）产品说明书、试验大纲、实验报告、合格证及图纸等技术文件。

（2）施工图纸及设计变更说明文件。

（3）安装技术记录、照片，其内容应包括隐蔽工程记录。

（4）设备调试试验记录。

（5）接地测试记录及报告，其内容应包括接地电阻测试、接地导通测试等。

（6）根据项目施工合同提供的备品备件、专用工具及辅料清单。

（二）配电变压器验收

1. 配电设备布置

（1）配电设备的位置应靠近用电负荷中心，设置在尘埃少、腐蚀介质少、周围环境干燥和无剧烈振动的场所，宜留有发展余地。

（2）配电设备的布置应便于安装、操作、搬运、检修、试验和监测。

（3）如有配电室，室内除本室需用的管道外，不应有其他的管道通过。室内水、气管道上不应设置阀门和中间接头；水、气管道与散热器的连接应采用焊接，并要做等电位联结。配电柜上、下方及电缆沟内不应敷设水、气管道。

（4）落地式配电箱的底部应抬高，高出地面的高度室内不应低于 50mm，室外不应低于 200mm；其底座周围应采取封闭措施，并应能防止鼠、蛇类等小动物进入箱内。

（5）同一配电室内相邻的两段母线之间应采取防火措施。

（6）高压及低压设备设在同一室内，且两者有一侧柜顶有裸露的母线时，两者之间的净距不应小于 2m；配电室通道上方裸带电体距地面的高度不应低于 2.5m；当低于 2.5m 时应设置遮拦或外护物。

（7）成排布置的配电柜，长度超过 6m 时，柜后设置 2 个出口，2 个出口距离超过 15m 时，中间应增加出口。

2. 变压器

（1）变压器设备安装及接地要符合设计要求，柜体漆层完好、清洁整齐，柜内防潮、防凝露设施完好，柜体底部及电缆管口应封堵严密。

（2）电气元件应完好、安装牢固、标识规范。

（3）电力半导体器件、快速熔断器、散热器等元件安装相对应的技术文件要求。

（4）二次回路接线正确、连接可靠、标识齐全清晰。

（5）冷却系统安全应符合设计要求，液冷系统应无渗漏现象，风冷系统风道应畅通，空气过滤器应无堵塞。

（6）设备操作及联动应试验正确，符合设计要求。

（7）设备试验工况及需测试的参数，应符合合同技术协议或产品技术文件的要求。

（8）备品备件、专用工具及辅料等。

（三）配电设备验收

1. 配电隔离电器

（1）低压隔离电器和导体要符合设计所选，禁止使用半导体开关作为隔离电器。

（2）隔离电器断开触头之间的隔离距离，需要有可见或明显标示"闭合"和"断开"状态。

（3）隔离电器应能防止意外闭合、防止意外断开的锁定措施。

（4）导体符合设计工作电压要求，载流量不应小于计算电流。

（5）导体的最小截面应满足机械强度的要求。

2. 母线装置

（1）所有螺栓、垫圈、闭口销、弹簧垫圈、锁紧螺母等应齐全、可靠。

（2）母线配置及安装架设应符合设计要求，且连接应正确；螺栓应紧固、接触可靠；相间及对地电气距离应符合规定。

（3）瓷件应完整、清洁，铁件和瓷件胶合处应完整无损，充油套管应无渗油，油位应正常。

（4）油漆应完好，相色正确，接地良好。

（四）配电线缆敷设验收

1. 高压配电线路

配电布线分绝缘导线布线、钢索布线、裸导体布线、封闭式母线布线、电缆布线及电气竖井布线等几类，在充电设施工程中，重点介绍电缆布线。相关验收要求应满足：

（1）配电线路的敷设应符合设计工艺要求，与场所环境、建筑物、构筑物特征相适应，承受短路可能出现的机电应力、可能遭受的其他应力和导线的自重。

（2）电缆支架材料应平直，无明显扭曲，当设计无规定时，可采用层间净距不应小于两倍电缆外径加 10mm。

（3）不同设备的电力回路不应穿在同一根导管内，且同一根导管内绝缘导线总数不应超过 8 根，且满足设计绝缘要求；1kV 以下的电缆及以上的电缆一般分开敷设；当并列敷设时，净距不应小于 150mm。

（4）高压电缆敷设最小弯曲半径单芯为直径的 20 倍，三芯为直径的 15 倍，低压电缆地埋时应穿管，管内半径不应小于电缆外径的 1.5 倍。

（5）电缆各端应确保相序一致，且在电缆首端、末端以及分支处挂标识牌显示路径标识及电缆参数。

（6）电缆敷设应做好防火封堵，根据设计防火等级采用防火胶泥、耐火隔板、填料阻火包或防火帽，防火封堵结构应满足耐火基线要求。

（7）配电线路应符合设计要求，配备相应短路和过负荷保护。配电线路装设的上下级保护电器，其动作特性应具有选择性，各级之间能协调配合。

2. 电能质量与计量

电能质量监测点应设置在电源进线侧，充电设施供电系统电能质量需满足：

（1）电压偏差。35kV 及以上供电电压（适用于集中式充电站）正、负偏差绝对值之和不超过标称电压的 10%；10（20）kV 供电电压（适用于集中式充电站）正、负偏差范围绝对值不超过 7%；380V 供电电压（适用于分散式快充桩）正、负偏差范围绝对值不超过 7%；220V 供电电压（适用分散式居民慢充桩）正偏差不应超过 7%，负偏差不应超过－10%。

（2）电压不平衡。公共连接点负序电压不平衡度不应超过 2%，短时不得超过 4%。

（3）谐波限值。接入公共电网连接点的谐波电压、电流应符合设计要求；针对带有源功率因数校正的非车载充电机，功率输入功率因数应大于等于 0.95；而针对不带有源功率因数校正的非车载充电机，功率输入因数应大于等于 0.9。

（4）电能计量。电能计量装置准确度等级应符合供电企业精度要求，10kV 及以上充电设施供电系统应采用Ⅲ类电能计量装置；380V～10kV 充电设施供电系统应采用Ⅳ类电能计量装置；220V 单相供电系统采用Ⅴ类电能计量装置。

（5）电能计量装置设计审查。各类电能计量装置的设计方案应经过电能计量专业人员审查通过；在与电力用户签订供用电合同、批复供电方案时，电能计量点和计量方式的确定及电能计量器具技术参数的选择等内容应由电能计量技术管理机构负责审查。

（6）电能计量装置。电能计量装置器具的型号、规格、许可标识、出厂编号；计量方式原理图，一二次接线图，施工设计图和施工变更资料、竣工图等；电能计量柜（箱、屏）设备清单、安装使用说明书和出厂检验报告；电能计量柜（箱、屏）接地及绝缘试验报告齐全。

（五）供电设备的接地验收

供电设备的接地系统应按已批准的设计文件实施，工程建设管理单位和监理单位应有专人负责监督，作为重点查验的环节。

供电系统相关的一些强制要求，电气装置的金属部分必须接地。

1. 接地装置（材料）的选择

（1）除临时接地装置外，接地装置采用钢材时均应进行热镀锌，水平敷设的应采用热镀锌的圆钢和扁钢，垂直敷设的应采用热镀锌的角钢、钢管或圆钢。

（2）不应采用铝导体作为接地极或接地线。严禁利用金属软管、管道保温层的金属外皮或金属网、低压照明网络的导线铅皮以及电缆金属护层作为接地线。

2. 接地装置敷设

（1）接地网的埋设深度与间距应符合设计要求。当无具体规定时，接地极顶面埋设深度不宜小于 0.8m；水平接地极的间距不宜小于 5m，垂直接地极的间距不宜小于其长度的 2 倍。

（2）接地网的外缘应闭合，外缘各角应做成圆弧形，圆弧的半径不宜小于临近均压带间距的一半。

（3）接地线应采取防止发生机械损伤和化学腐蚀的措施。

（4）遇到明敷接地线的安装的情况，接地线的安装位置应合理，接地线的连接应可靠，不应因加工造成接地线截面减小、强度减弱或锈蚀等问题。明敷接地线，在导体的全长度或区间段及每个连接部位附近的表面，应涂以 15～100mm 宽度相等的绿色和黄色相间的条纹标识。

（5）电气装置的接地必须单独与接地母线或接地网相连接，严禁在一条接地线中串接两个及两个以上需要接地的电气装置。成列安装盘、柜的基础型钢和成列开关柜的接地母线，应有明显且不少于两点可靠接地。

3. 接地线接地极的连接

（1）接地线与接地极的连接应采用焊接。异种金属接地极之间连接时接头处应采取防止电化学腐蚀的措施。在做防腐处理前，表面应除锈并去掉焊接处残留的焊药。

（2）接地线、接地极采用电弧焊连接时应采用搭接焊缝，其搭接长度应满足以下要求：扁钢应为其宽度的 2 倍且不得少于 3 个棱边焊接；圆钢应为其直径的 6 倍；圆钢与扁钢连接时，其长度应为圆钢直径的 6 倍；扁钢与钢管、扁钢与角钢焊接时，除应在其接触部位两侧进行焊接外，还应由钢带或钢带弯成的卡子与钢管或角钢焊接。

（3）电气设备上的接地线，应采用热镀锌螺栓连接；有色金属接地线不能采用焊接时，可用螺栓连接。采用金属绞线作接地线引下时，宜采用压接端子与接地极连接。利用各种金属构件、金属管道为接地线时，连接处应保证有可靠的电气连接。

（4）金属电缆桥架的接地宜在电缆桥架的支吊架上焊接螺栓，和电缆桥架主体采用两端压接铜鼻子的铜绞线跨接，跨接线最小截面积不应小 $4mm^2$。电缆桥架的镀铢支吊架和镀辞电缆桥架之间无跨接地线时，其间的连接处应有不少于 2 个带有防松螺母或防松垫圈的螺栓固定。

（六）工艺典型图例

供电系统验收典型图例见表 3-2。

表 3-2　　　　　　　　　供电系统验收典型图例

序号	项目	施工要点	标准施工图
1	变压器	变压器应符合设计要求，附件、备件应齐全。本体及附件外观检查无损伤及变形，油漆完好	
2	变压器绝缘护罩安装	安装时扣件应正确到位，相色与变压器相位一致	

续表

序号	项目	施工要点	标准施工图
3	高、低压接线安装	扣件应正确到位，相色与变压器相位一致	
4	配电设备	配电设备规格、型号符合设计图纸要求和规定；活动部件动作灵活、可靠，传动装置动作正确，现场安装后试操作3次	
5	封闭插接母线	插接母线拐弯处以及与箱盘连接处应加支架	
6	低压封闭母线槽悬挂吊装	吊杆直径应与母线槽质量相适应，螺母应可以适度调节	

序号	项目	施工要点	标准施工图
7	10kV 电缆终端	制作应采用相应颜色的胶布进行相位标识	
8	低压电缆敷设	电缆应从盘的上端引出，不应使电缆在支架上及地面摩擦拖拉	
9	低压电缆终端制作	应根据电缆终端和电缆的固定方式，确定电缆头的制作位置	
10	电缆防火封堵	防火封堵应严密、牢固，无漏光、漏风裂缝和脱漏现象，表面光洁、平整	

续表

序号	项目	施工要点	标准施工图
11	监测计量终端	箱（柜）内各部件应固定牢固	
12	电能表安装接线	电能表电流回路无开路、电压回路无短路，且保证序正确	
13	接地体	垂直接地体上端埋入深度应满足设计或规范要求	
14	主接地网	敷设、焊接钢接地体的搭接应使用搭接焊	

续表

序号	项目	施工要点	标准施工图
14	主接地网	敷设、焊接钢接地体的搭接应使用搭接焊	
15	设备接地安装 引上接地体与设备连接	采用螺栓搭接，搭接面要求紧密，不得留有缝隙	

三、充电系统

充电系统验收主要包括资料、外观与结构、功能、安全防护、性能五方面验收。主要参照的标准规范为 NB/T 33004—2020《电动汽车充换电设施工程施工和竣工验收规范》、NB/T 33001—2018《电动汽车非车载传导式充电机技术条件》、NB/T 33002—2018《电动汽车交流充电桩技术条件》、GB/T 29316—2012《电动汽车充换电设施电能质量技术要求》、JJG 1149—2022《电动汽车非车载充电机》、JJG 1148—2022《电动汽车交流充电桩》等。

（一）资料验收

充电设备资料验收包含充电设备随带资料验收及充电设备投运资料验收。

（1）充电设备随带资料：包括设备清单、产品说明书、电气设计图、设备型式试验报告、出厂合格证、出厂检验报告、电能计量检定报告、设备调试报告等。

（2）充电设备投运资料：包括设备通信协议资料、投运平台资料（依据所属平台要求提供）。

（二）非车载充电机验收

非车载充电机（直流充电桩）验收包含外观与结构检查、主要功能检查、主要安全防护检查、主要性能核查四方面。

1. 外观与结构检查

（1）桩体应采用金属材质外壳或符合合同、设计图纸等技术文件要求；壳体外观应平整，无外露锐角，无明显可见缺陷，无严重积尘和锈蚀，表面涂层均匀光泽，不起泡、不龟裂、不脱落。

（2）桩体内部应无积水、异物、锈蚀现象等；二次导线与电气元件应连接牢固可靠，不应有接头；内部配线应整齐、清晰、美观、牢固，导线绝缘良好，无损伤；二次回路接地应设专有螺栓。

（3）桩体安装要整齐统一，固定可靠，框架无变形；应具有接线、接地及安全标志，其标识应正确、完整、清晰、牢固；柜门（若有）要与接地金属构架可靠连接，接地螺栓直径不小于 6mm 且牢固良好；柜体安装垂直倾斜度不超 5%；桩体在充电过程中，应具有明显的状态指示和文字提示，防止人员误操作。

（4）室外或室内污染环境使用的充电机外壳防护等级不应低于 IP54，室内使用不应低于 IP32。室内场景使用宜采用自然通风，若自然通风不满足时，应采用机械通风或复合通风。

2. 主要功能检查

（1）应具备手动刷卡或软件（如 App）遥控等充电方式，能根据车辆的充电需求自动执行充电动作，若车辆端需要，可动态调整充电输出。

（2）若具备上级监控系统或运营管理系统，充电机在充电过程中，应能按照约定的协议与其进行可靠、准确、及时地通信联系。

（3）应具备对直流输出回路进行绝缘检测的功能，并可以与车辆检测功能相配合。

（4）充电枪应具备锁止装置，锁止装置应能在需要解锁时可靠解锁。

（5）应具备良好的人机交互功能，显示待机、充电、告警等运行状态指示信息，若有手动充电控制功能，则应显示人工输入信息；宜具备手动输入和控制的功能；宜显示当前充电电压、充电电流、充电量等信息；在出现故障时应有相应的提示信息。

（6）应具备急停装置，能通过手动紧急停止充电，急停开关应采取相应措施，防止误操作。若是一体式充电机，启动急停装置，应能同时切断动力电源输入和直流输出；若是分体式充电机，启动急停装置，应切断相应侧的直流输出，也可同时切断动力电源输入。

（7）电能质量标准及检测要求应符合 GB/T 29316—2012《电动汽车充换电设施电能质量技术要求》有关规定。

（8）若属于经营性充电站，应具备充电能量计量、交易付费功能。根据国家市场监管总局有关实施强制管理的计量器具目录公告的要求，用于贸易结算的电动汽车充电设备应自 2023 年 1 月 1 日起实行强制检定。

3. 主要安全防护检查

（1）充电机在未充电状态下，充电接口不能带有危险电压；正常充电时，应无漏电保护动作发生；在充电结束拔枪后，充电接口危险电压泄放时间不超过 1s。

（2）充电机非电气连接的各带电回路之间、各独立带电回路与地之间的绝缘电阻值不小于 10MΩ；充电机内任意应该接地的点与总接地之间的电阻不应大于 4Ω。

（3）用户不能通过充电机外壳上任意开口的地方触碰到内部危险带电部件。

（4）若交流供电停电，充电机应在 1s 内将车辆接口电压降到 60V DC 以下，保持充电用连接装置在完全连接状态时恢复供电，充电机不能继续充电。

（5）充电机应具备开门保护措施。在充电前打开柜门，充电机应无法启动充电，在充电过程中门打开，应切断相应的电源输入和直流输出。

（6）若充电机内部温度超过过温保护值，充电机应降低输出功率或直接切断直流输出，并发出告警提示。

（7）充电机防雷接地应符合 GB/T 50065—2011《交流电气装置的接地设计规范》有关规定。

（8）若建设单位有其他安全防护要求，则按相关要求执行。

4. 主要性能核查

（1）充电机实际额定功率要符合合同要求，宜具备功率恒定输出能力。

（2）充电机应具备限压与限流特性，当输出电压、电流超过车辆实际需求值时，能自动降低输出值。

（3）充电机应满足相应的效率要求。一般来说，当充电机实际输出功率与额定输出功率的比值在 20%～50%时，充电机充电效率应不小于 88%；当充电机实际输出功率与额定输出功率的比值在 50%～100%时，充电机充电效率应不小于 93%。

（4）充电机与电池管理系统应能按照约定的协议要求进行通信，为车辆电池提供正常充电服务。当车辆电池发送故障报文（过温、过流、过压等），充电机应执行响应，不能继续充电。

（5）若充电机具备功率扩展或功率智能分配功能，应现场查验该功能是否具备且满足合同要求。若充电机具备 V2G 或有序充电等电网互动功能，则应按业主单位要求进行核验。

（6）充电机其他主要性能、功能及充电连接装置等应符合合同规定。若需要，建议通过核查省级及以上检测机构出具的检验检测报告进行确认。若有其他要求，则按建设单位提出的验收要求进行验收。

（三）交流充电桩验收

交流充电桩验收包含外观与结构检查、主要功能检查、主要安全防护检查、主要性能核查等。

1. 外观与结构检查

（1）桩体外壳应采用金属材质或符合合同、设计图纸等技术文件要求；壳体外观应平整，无外露锐角，无明显可见缺陷，无严重积尘和锈蚀，表面涂层均匀光泽，不起泡、不龟裂、不脱落。

（2）桩体内部应无积水、异物、锈蚀现象等；二次导线与电气元件应连接牢固、可靠，不应有接头；内部配线应整齐、清晰、美观、牢固，导线绝缘良好，无损伤；二次回路接地应设专有螺栓。

（3）桩体安装要整齐统一，固定可靠，框架无变形；应具有接线、接地及安全标志，其标志应正确、完整、清晰、牢固；柜门（若有）要与接地金属构架可靠连接，接地螺栓直径不小于 6mm 且牢固良好；柜体安装垂直倾斜度不超 5%；桩体在充电过程中，应具有明显的状态指示和文字提示，防止人员误操作。

（4）室外或室内污染环境使用的充电桩外壳防护等级不应低于 IP54，室内使用不应低于 IP32。室内场景使用宜采用自然通风，若自然通风不满足时，应采用机械通风或复合通风。

（5）应考虑分散布点安装的要求，桩体应安装牢固，安装高度要保持电气连接和人机交互操作方便，并采取必要的防盗、防撞、防恶意破坏措施。

2. 主要功能检查

（1）交流充电桩应具备手动刷卡或软件（如 App）遥控等充电方式，能根据车辆的充电需求自动执行充电动作，若车辆端需要，可动态调整充电输出。

（2）若具备上级监控系统或运营管理系统，充电桩在充电过程中，应能按照约定的协议与其进行可靠、准确、及时地通信联系。

（3）采用连接方式 A 和连接方式 B 的交流充电桩，当充电桩额定电流大于 16A 时，供电插座应安装电子锁止装置，当电子锁止装置未可靠锁止时，充电桩应停止充电，否则为不可靠充电。

（4）充电桩应具备良好的人机交互功能，应显示待机、充电、告警等运行状态指示信息；宜显示输出电压、输出电流、已充时间、已充电量、已充金额等信息；在出现故障时应有相应的提示信息。

（5）充电桩可安装急停装置，能通过手动紧急停止充电，急停装置应采取相应措施，防止误操作。若充电过程中遇故障按下急停装置，充电桩应在100ms 内切断交流供电回路。

（6）电能质量标准及检测要求应符合 GB/T 29316—2012《电动汽车充换

电设施电能质量技术要求》有关规定。

（7）若属于经营性充电站，应具备充电电能量计量、交易付费功能。根据国家市场监管总局有关实施强制管理的计量器具目录公告的要求，用于贸易结算的电动汽车充电设备应自 2023 年 1 月 1 日起实行强制检定。

3．主要安全防护检查

（1）充电桩在未充电状态下，充电接口不能带有危险电压；正常充电时，应无漏电保护动作发生；在充电结束拔枪后，充电接口危险电压泄放时间不超过 1s。

（2）充电桩非电气连接的各带电回路之间、各独立带电回路与地之间的绝缘电阻值不小于 10MΩ；充电桩内任意应该接地的点与总接地之间的电阻不应大于 0.1Ω。

（3）用户不能通过充电桩外壳上任意开口的地方触碰到内部危险带电部件。

（4）对于充电桩盖子或门打开可造成带电部位露出的充电桩，其应具备开门保护措施，在充电前打开柜门，充电桩应无法启动充电；在充电过程中门打开，应切断交流供电回路。

（5）若充电桩内部温度超过过温保护值，充电桩应降低 PWM 占空比或直接切断交流供电回路，并发出告警提示。

（6）防雷接地应符合 GB/T 50065—2011《交流电气装置的接地设计规范》有关规定。

（7）若建设单位有其他安全防护要求，则按相关要求执行。

4．主要性能核查

（1）充电桩实际额定功率要符合合同要求。

（2）充电桩应具备符合合同要求的标准控制导引电路，为车辆电池提供正常充电服务。

（3）若充电桩具备有序充电等功能，则应核验功能是否满足要求。

（4）充电桩其他主要性能、功能及充电连接装置等应符合合同规定。若需要，建议通过核查省级以上检测机构出具的检验检测报告进行确认。若有其他要求，则按建设单位提出的验收要求进行验收。

（四）工艺典型图例

充电设备验收典型图例见表 3-3。

表 3-3　　　　　　　　　充电设备验收典型图例

序号	项目名称	注意要点	标准施工（示例）
1	柜体安装	柜体基础安装应物理固定，禁止浮放；框架无变形	
2	桩体外观	壳体外观平整，无外露锐角，无明显可见缺陷，无严重积尘和锈蚀，表面涂层均匀、光泽，不起泡、不龟裂、不脱落	
3	内部接线	内部一次接线、二次回路工艺规范，应整齐、清晰、美观、牢固	
4	电缆标识标牌	应明确标识电缆规格、型号、走向，标牌安装应正确、完整、清晰、牢固	

续表

序号	项目名称	注意要点	标准施工（示例）
5	桩体接地	柜门应采用裸铜线与接地金属构架可靠连接	
6	设备接地	设备内部零线、接地线应连接拧紧	
7	防火封堵	电缆进出口应采用防火泥封堵，且封堵严密、平整，形状规则	
8	急停功能	应具备急停按钮装置，且明显标识，能通过手动紧急停止充电	
9	柜体开门保护	柜体开门应触发告警。充电前或充电过程中打开柜门，设备应能自动执行无法启动或中止充电操作	

续表

序号	项目名称	注意要点	标准施工（示例）
10	充电枪	充电枪插针应整洁、无锈蚀。应具备电子锁止装置	
11	设备铭牌	设备铭牌内容信息完整，包括型号、输入电压、输出电压、电流、功率、制造年月、出厂编号等信息	
12	充电说明标识	操作说明、安全注意事项提醒	

四、监控系统

视频监控验收主要由资料验收、实体验收、功能验收三部分组成，基本要求如下（附监控系统验收表格）：

（一）资料验收

资料文件包括设备随带资料、工程技术资料和培训资料。

（1）设备随带资料：设备清单、产品说明书、出厂合格证、出厂检验报告、设备调试报告等文档。

（2）工程技术资料：包括采购合同副本及技术协议，施工方案、变更设计技术文件、竣工图、安装记录、质量验收记录、调试试验记录等。

（3）培训资料：包括操作手册、维护手册、培训记录等资料清晰整洁。

（二）实体验收

监控系统实体验收主要包括管路敷设验收、桥架敷设验收、综合布线验收、防雷接地系统验收，主要参照 GB 50303—2019《建筑电气工程施工质量验收规范》。

1. 管路敷设验收标准

暗配的管子宜沿最近的路线敷设并应减少弯曲；埋入管或混凝土内的管子离表面距离不应小于 15mm。管子煨弯、切断、套丝应符合要求，管口无毛刺、光滑，管内无铁屑，螺纹清晰干净，不过长。管路连接的螺纹连接应上好管箍，焊接应牢固；管路超过一定长度应加装接线盒。穿过变形缝的管路应该设有补偿装置，补偿装置应活动自如，配电线路穿过建筑物或设备基础时加装保护套管，保护套管平整，管口光滑，护口牢固，与管口紧密连接，加保护套管处在隐蔽工程中表示正确。

2. 桥架敷设验收标准

桥架直线段连接应采用连接板，用垫圈、弹簧垫圈、螺母紧固，连接处应严密平整、无缝隙。交叉、转弯、丁字连接时，应采用变通连接，桥架终端应加装封堵，导线接头处应设置接线盒或将导线接头放在电气器具内。在吊顶内敷设时，如果吊顶无法上人，应留检修孔。桥架及其金属支架和引入引出的金属导管必须接地可靠。保护地线和槽内导线均应留有补偿余量。桥架及其支架全长不应少于 2 处与接地干线相连接。镀锌电缆桥架间连接板两端不少于 2 个有防松螺母或防松垫圈的连接固定螺栓。

3. 综合布线验收标准

线缆完好无损，外皮完整，中间严禁有接头和打结的地方；布放线缆时，每条线缆的两端有明显标志，以便于连接和检查，线缆标签应贴（绑）于线缆两端的明显处且不易脱落；信号线与电源线分开敷设，不互相缠绕，平行走线，并避免在同一线束内。在同一线缆走道上布放时，间距不小于 200mm。

信号线及电源线在机架内布放时，分别在两侧走线；线缆穿越上、下层或水平穿墙时，用防火封堵材料将洞孔堵实。对于插头处的线缆绑扎应按布放顺序进行绑扎，防止电缆互相缠绕，电缆绑扎后应保持顺直，水平电缆的扎带绑扎位置高度应相同，垂直线缆绑扎后应能保持顺直，并与地面垂直（如图3-19所示）。

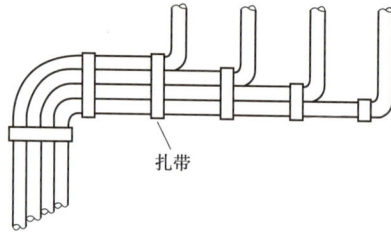

图3-19　扎带绑扎1

选用扎带时应视具体情况选择合适的扎带规格，尽量避免使用多根扎带连接后并扎，以免绑扎后强度降低。扎带扎好后应将多余部分齐根平滑剪齐，在接头处不得带有尖刺（如图3-20所示）。

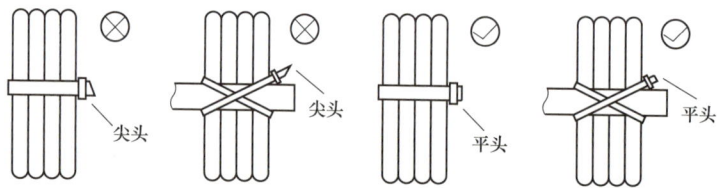

图3-20　扎带绑扎2

注：图中打√的为正确的绑扎形式，打×的为错位的绑扎形式。

机柜内电缆应由远及近顺次布放，即最远端的电缆应最先布放，使其位于走线区的底层，布放时尽量避免线缆交错（如图3-21所示）。

4. 防雷接地系统验收

安全防范系统的接地母线应采用铜质线，接地端子应有地线符号标记，接地电阻不得大于4Ω。安全防范系统的电源线、信号线经过不同防雷区的界面处，应安装电涌保护器。系统的重要设备应安装电涌保护器，电涌保护器接地端和防雷接地装置应做等电位连接，等电位连接带应采用铜质线，其截面积不应小于16mm²。监控中心内应设置接地汇集环或汇集排，采用铜质线

（裸线）其截面积不应小于 35mm^2（如图 3-22 所示）。

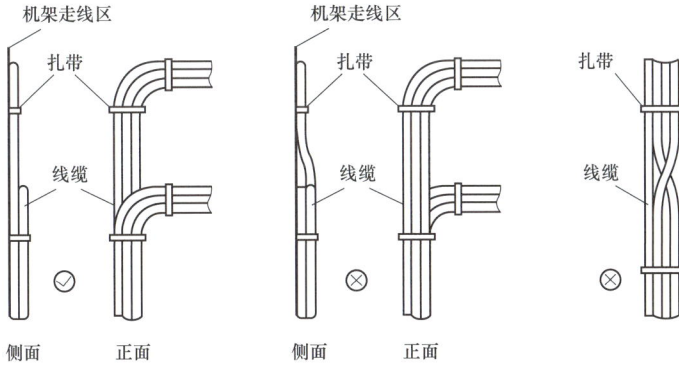

图 3-21 机柜内电缆

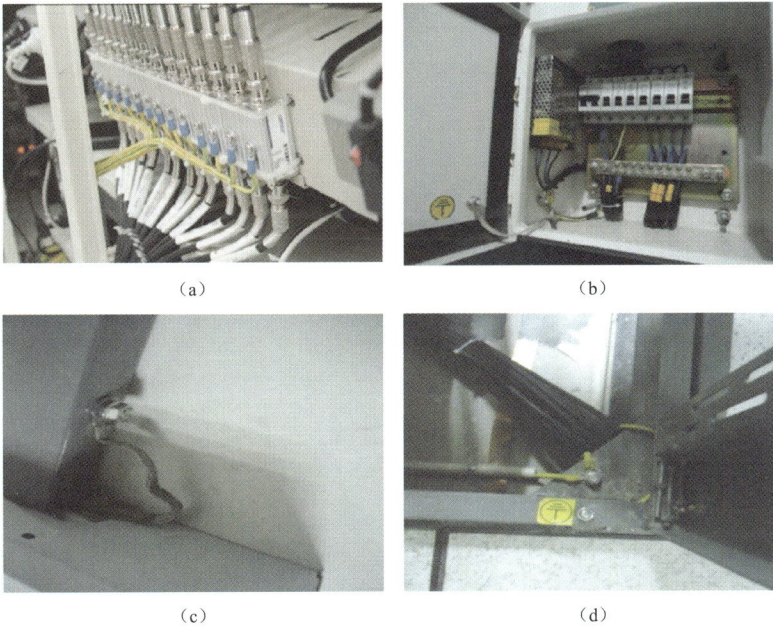

（a）

（b）

（c）

（d）

图 3-22 接地系统

（a）视频防雷器接地；（b）监控电源箱接地；（c）电源箱与桥架接地；（d）监控电视墙接地

（三）功能验收

主要验收视频监控实时预览画面是否清晰流畅、控制功能是否方便操作、系统运行是否稳定、监控存储时间是否符合要求等。

监控系统验收报告详见附录 E。

五、项目资料归档

项目资料是项目建设、管理过程中形成的具有保存价值的各种形式的记录；一个项目从立项、设计、施工、监理、验收过程中形成的文件材料。项目资料收集整理是施工验收中的一项重要环节。齐全的项目资料，是充换电设施建设及竣工验收的必备条件，也是对充换电设施进行检查、维护、管理、使用、改建和扩建的原始依据。

（一）项目资料分类

工程资料管理的分类与主要内容如下：

（1）前期准备阶段文件：立项文件、备案文件等。

（2）实施阶段文件：设计招标、初步设计、监理招标、设备招标、施工招标、施工管理等文件。其中，在施工过程中所形成的施工管理文件材料包括：

1）施工文件资料。包括开工报告、竣工报告、施工图会审、技术交底记录、甲方技术要求、施工情况汇报。

2）施工组织设计（措施）。包括材料清册、计划、成品清册、设备清册、装置性材料清册、进度表。

3）施工技术措施。包括安全措施、施工技术方案、标准工艺、补充工艺。

4）施工记录（凡是在施工中所记录下来的文件材料）。含工程测试、电气试验报告、原材料检验、质量问题处理、开箱记录、技术记录、原材料质保书、合格证。

5）设计变更。含工程洽商单、材料代用核定审批（按责任者、专业、日期排列）联系单、设计变更通知单。

6）工程日记、大事记（技术日志）、工程简报。

7）施工总结。

（3）验收阶段文件。包括工程竣工验收管理、结决算管理等文件。其中，工程竣工验收管理资料包括：

1）工程竣工验收文件。含整套时运行文件、工程验收会议纪要、分部分项工程评级一览表、竣工签证书、竣工移交证书、施工质量评级汇总表、工程投产验收记录表、质量鉴定书、启动方案。

2）工程竣工技术文件（施工技术记录）汇编。各专业按卷册编制。

充换电站建设项目所需资料清单详见附录 F。

（二）归档要求

工作资料归档的具体要求如下：

（1）档案资料应保留原件，确不能保留原件的，保留与原件核对无误的复印件。合同及相关协议必须保留原件。

（2）档案资料应重点核实有关签章是否真实、齐全，资料填写是否完整、清晰。

（3）各类档案资料应满足归档资料要求。档案资料相关信息不完整、不规范、不一致的，应退还给相应环节补充完善。

（4）应建立工程竣工验收档案台账并统一编号，建立索引。

第四章 换电站施工验收

第一节 工程施工

一、土建施工

参照第三章第一节"一、土建及其他配套设施"工程施工部分的内容。

二、电气安装

整体上根据各厂家自身产品的特点、设计要求和作业指导进行安装调试。主要包括供电系统安装、设备到货、本体安装、设备调试等工作内容。下面以采用底盘换电技术的换电站为例详细说明换电站整体的安装施工规范。

（一）供电系统

参照第三章第一节"二、供电系统"工程施工部分的内容。

（二）设备到货

1. 换电设备到货验收

（1）接到到货通知后，根据到货设备的状况，进行卸货保管的准备工作，包括确定接货人、卸货机械、劳动力、盖垫器材以及卸货地点等。

（2）货物运到贮存场地后，物资管理人员必须核对货物是否与装箱单和发运单内容相符以及货物包装状况是否完好。如果发现包装箱或设备在卸货之前已经有实体损坏或有损坏迹象，应立即向业主通报，必要时应对损坏部位拍照记录，以备核查。

（3）对于大型设备的到货，应事先通知工程技术部门，以确定卸货地点，充分做好卸车的准备工作，如起重机械的准备、道路的平整等。

（4）接货过程的实际情况必须做好记录，由业主代表、供货商代表、监理代表、施工单位代表共同签字认证。

（5）货物卸完后，运输人员、接货人员与仓库保管人员之间的交接手续需及时办理，包括货物的数量、质量及相关的技术文件的交接，交接时应由经办人签认。

2. 开箱检查

（1）开箱检验以供货商提供的装箱单为依据，清点到货数量，核对到货设备的名称、型号、规格等，鉴别货物的残损情况；核对其数量、技术文件和质量证明文件等，验证所开箱的设备是否符合规定的要求。

（2）开箱后，对所附的装箱单、图纸、说明书、质量证明文件等技术文件按规定处置。

（3）对于设备安装用的备品备件及专用工具，须经业主、供货商、施工单位清点验收合格，并列出详细清单，由三方代表签字，备品备件交业主保管。专用工具由施工单位领用，工程竣工后交还业主。

（4）开箱后暂时不安装的设备要恢复原包装，任何人不得拿走包装物和衬垫物。

（5）对已开箱和未开箱的设备要加以明确的标识，并经常检查。

（6）设备开箱后，凡需返还设备供应商的专用包装物，由施工单位负责收集、清点、保管，并及时通知业主，由业主与供应商联系回收。

（7）开箱检验后产生的废弃包装物必须严格按业主的要求及时处理，以减少对周围环境的影响。

（8）易损件和易丢失的小型设备必须搬运至室内仓库妥善保管。

（三）换电设施本体安装

1. 施工准备

（1）设备准备。换电站停车平台、电池仓充配电柜等部件全部到位。

（2）机具准备。汽车式起重机一辆，钢丝绳4根，卸钩千斤4个，大绳

50m 以及撬杠、方木等用具。（以常见换电设备为例，具体型号根据设备厂家要求选择）

2. 吊装施工

（1）检查所有起重搬运机具、钢丝绳和滑轮等，证明确实可靠后使用。

（2）操作起重机械，严格按照安全操作规程及有关施工安全规定。

（3）吊装施工注意事项如下。

1）搬运时应对土建地面、墙及门等注意保护，必要时可加胶皮、木板等进行保护。

2）注意不要将设备损坏，因为柜上指示灯、开关等全部为明装，所以不要把撬棍等物直接撬在易碎的部位。

3）拆箱及搬运过程中，必须有厂家人员参加开箱检验。小组应认真清点并做好开箱纪录，零散备件应注意保管，发现问题及时汇报。

4）吊装前应认真检查吊装用具，各大型机具、承重器具完好无损，保证设备吊装工作的顺利进行。

5）吊装运输的整个过程应由专人负责统一指挥。其余人员密切合作。吊装时一定要吊在设备的吊点上。

6）在吊装运输过程中要防止坠落，滚杠设备挤压手、脚、身体等事故发生，保障人身安全。

3. 设备搬运、吊装准备工作

（1）摸清设备装卸的场地、道路、设备的安装位置、方向及设备搬运的先后次序。

（2）找好设备吊装位置，确定受力部位。

（3）吊装时，在吊装绳与设备加工面或棱角处垫以木板、胶皮等物。

（4）每根钢丝绳受力要均匀，并与垂线所成的夹角不得大于30°。

1）垫铁布置及找平。按设备安装标高配置各组垫铁并用水准仪将各垫铁组顶面抬到同一标高。垫铁与垫铁之间、垫铁与底座之间应紧密贴合，接触面积不得少于接触面积的70%，不得有松动现象。

2）设备就位。将设备吊装在其对应施工部位上方，调整好设备方位，并使设备底座中心线对正施工部位上的安装基准线，然后使设备徐徐坐落在安装部位，防止振动和磕碰。

3）设备固定。使设备准确放置在基础上，对设备受力点与原有基础上的接触点做焊接处理，焊缝做防腐处理。

（四）设备调试

1. 调试准备

（1）调试工具准备。包括水准仪、套筒、卷尺、水平尺、剥线钳、激光水平仪、数显水平尺、塞尺、内六角一套、压线钳、扭矩扳手、接地电阻测试仪、万用表、游标卡尺、螺丝旋具一套、激光测距仪、300mm活动扳手、角度尺、绝缘电阻测试仪、各种型号端子。

（2）调试前设备安装水平检查。

（3）调试内容。

使用水平尺、水准仪、激光测距仪检查停车平台水平度是否水平。

1）使用水平尺、水准仪、激光测距仪等测量设备检查停车平台轨道水平度和延伸轨道对接处是否对接水平。

2）使用水平尺检查电池仓结构件是否处于水平。

（4）检查内容。

1）目检所有零部件是否全部安装到位，符合工艺要求。

2）检查停车平台机械是否全部安装到位，具备调试条件。

2. 设备检查上电

（1）电气柜上电调试。

1）目检接线端子是否漏铜、虚接。

2）电气柜主进线端子和各分路线端子检查，用力拉扯后无松动。

3）依据技术文件、安装规范和图纸进行检查。

（2）检查内容

1）电器件外壳无明显的裂纹或损坏。

2）电器件接地应良好，导线相间应无短路。

3）线槽、导轨装配水平无倾斜，空间分布合理。

4）配线端子应采用专用压线钳压接，线芯应压接牢固、无松动。

5）柜内的导线应走线槽，不敷入管道的导线和电缆应牢固固定。

6）上电前测量绝缘电阻和接地连续性。

3. 接地连续性检查

（1）切断电气设备的电源。

（2）使用保护接地测量设备，接地端的导线接在被测设备的外部保护接地端子 PE，测试端导线连接测试部位的外壳或者相应的保护接地装置上。

（3）保护接地电路连续性试验仪器的测量电流不小于 10A，每个测试点的试验时间不小于 10s。

（4）使用绝缘表切换到电阻挡，按住红色表棒上的"测试"按钮，进行相应的对地电阻测试。

（5）检测充电柜的接地端与任何金属表面之间是否导通。

（6）检测点。换电机器人、停车平台、主控柜、充电柜、电池仓、升降机等非载流回路的所有金属部件均应接地。

（7）在每个外露可导电部分与外部保护导体的端子之间通以此电流，要求电阻不应超过 0.1Ω。

4. 子系统调试

（1）停车平台子系统调试。

1）前后导向系统。

a. 检查车轮定位槽是否安装可靠/准确。

b. 通过激光水平仪，卷尺测量 4 轮支撑面，确保水平度符合设计要求。

2）左右导向系统。

a. 零点标定：4 个推杆导向系统零点标定，确保统一的基准。

b. 工作位置标定：4 个推杆工作位置标定，确保符合设计要求。

3）转盘【如有】。

a. 零点标定：设置旋转平台行走齿条与延伸导轨齿条在同一直线上，即可进行 0°标定。

b. 工作位标定：设定旋转平台 90°旋转位置，确保符合设计要求。

4）车辆举升系统【如有】。

a. 零点标定：4 个立柱零点标定，将 4 个立柱举升臂下降至上表面与停车平台拼板基本齐平的位置，并使用水准仪将 4 个举升爪车身垫块调整至基本在同一水平面上（水平度小于或等于 1mm），然后进行标定。

b．接触位标定：设置举升爪抬升至接触车辆的位置。

c．工作位标定：设置举升爪抬升车辆的最高位置，四爪与车身接触位需达到一个水平面，平面度小于等于 1mm。

（2）换电机器人子系统调试。

1）换电机器人行走机构【如有】。

a．换电机器人平台位置标定：设置换电机器人在旋转平台上的位置。

b．零点标定：调试完成后，换电机器人抬升时电池定位销进入车辆上电池定位销孔，换电机器人浮动平台应基本保持不用浮动为最佳状态（需要和四轮推杆工作位参数同时调试）。

2）换电机器人举升机构。

a．换电机器人抬升平台零点标定：设置换电机器人抬升平台的零点位置。

b．换电机器人工作位标定：设置换电机器人不同工作状态的位置（需要车辆进行定位）。

3）车身及电池定位机构【如有】。将车辆举升，操作定位销靠近定位孔，确保车身定位销/电池定位机构对中。

4）锁止机构。确保锁止机构安装可靠，相对位置符合设计要求。

5. 电池存储及转运系统调试

（1）电池横移机构【如有】。

1）换电机器人电池仓位置标定：设置换电机器人在电池仓对接位的位置。

2）确保横移机构正常运转。

（2）水电插头调试。

1）确保所有电池仓水插头结构安装可靠、准确。

2）确保所有电池仓电插头结构安装可靠、准确。

（3）升降机调试。

1）零点标定：确保零点标定符合设计要求。

2）升降机对接位标定：设置升降机对接换电机器人的高度，使升降机滚筒高于横移链条。

6．冷却系统调试【如有】

（1）水冷循环功能。确保水泵可以正常打开关闭，水流量正常，液位计显示正常。

（2）制冷。通过设定制冷温度，测试压缩机的制冷效果。

（3）制热。通过设定制热温度，测试加热器的加热效果。

7．充电系统调试

（1）电气连接检查。确保所有一二次电气连接可靠，标识清晰，无虚接。

（2）绝缘检查。使用绝缘表测量电气回路的绝缘电阻，确保符合设计要求，一般不低于 $1M\Omega$。

（3）充电模块检查。

1）检查充电模块插接良好。

2）确保拨码开关设置正常。

3）可以正常满功率给电池充电不低于 20min。

8．手动运行

（1）四轮推杆。

1）在手动模式里选择四轮推杆里面的"工作位"。

2）推杆接触轮胎后，轮胎与推杆无间隙即可。

3）观察推杆有无变形等异常。

（2）四柱举升。

1）在手动模式里选择车身抬升里面的"工作位"。

2）四柱举升爪接触车身升至工作位，查看举升扭矩是否正常，同时测量举升爪高度。

（3）换电机器人行走。

1）在手动模式里，电磁铁吸合下，选择换电机器人从电池仓行驶到停车平台。

2）行驶中观察有无异响、干涉等现象，转盘旋转 $90°$。

（4）转盘旋转 $90°$。

1）在手动模式里点击"$90°$"。

2）转动中观察有无异响、干涉等现象。

（5）换电机器人抬升。

1）转盘旋转到位后，点击换电机器人抬升到"工作位"。

2）观察换电机器人两侧电池定位销是否能顺利进入销孔，电池解锁。

3）如果换电机器人定位销与电池有偏差，需要对换电机器人零点位置和四轮推杆工作位进行进一步的调整。

（6）电池解锁。

1）观察解锁曲线是否正常。

2）解锁完成后，换电机器人降至卡销位，电池运转。

（7）电池运转。

1）转盘90°转至0°。

2）在旋转过程中，电池电接头定位销与左前举升爪有无干涉。

3）换电机器人带馈电池行驶到电池仓，降到原点位，升降机降到换电机器人对接位，电池进入升降机。

4）电池运转中，应平稳、无干涉。

（8）电池仓进出。

1）选定仓位，使馈电池进仓。

2）选定新电池仓位，使新电池出仓。

3）电池进出仓，观察电池左右挡块是否正常升缩。

4）电池进出仓，是否平稳，履带无异响、打滑，水电插头位置是否准确。

（9）电池加锁。

1）电池在卡销位认帽，到达停车平台，旋转90°，升出车身定位销。

2）换电机器人抬升至销子位，点击换电机器人工作位，同时下降车身定位销。

3）电池进入车端后，输入加锁扭矩参数，查看加锁曲线是否正常。

4）换电机器人行驶到电池仓处，下降四柱举升，四轮推杆至原点位。

5）手动换电过程中，观察各动作是否存在风险、异常。

（五）监控系统

参照第三章第一节"四、监控系统"工程施工部分的内容。

第二节　竣　工　验　收

一、土建工程验收

参照第三章第二节"一、土建及其他配套设施"工程竣工验收部分的内容。

二、电气系统验收

（一）供电系统

参照第三章第二节"二、供电系统"工程竣工验收部分的内容。

（二）设备验收

1. 资料验收

（1）产品说明书、试验大纲、实验报告、合格证及图纸等技术文件。

（2）施工图纸及设计变更说明文件。

（3）安装技术记录、照片。其内容应包括隐蔽工程记录。

（4）设备调试试验记录。

（5）接地测试记录及报告。其内容应包括接地电阻测试、接地导通测试等。

（6）根据项目施工合同提供的备品备件、专用工具及辅料清单。

2. 机械部件验收

机械部件验收检验项目及标准见表4-1。

表 4-1　　　　　　　　　　机械部件验收检验项目及标准

检查类别	检验项目	检验方法	检验标准		检验
停车平台检查	整站名牌及二维码粘贴检查	目检	确认整站的2处二维码粘贴，并记录到表中		
		物料名称	位置	二维码（填写具体的号码）	
		整站	主控制柜最左侧门内侧		

续表

检查类别	检验项目	检验方法	检验标准	检验
停车平台检查	整站名牌及二维码粘贴检查	工控机	网络机柜右上角	
		主控柜	ASC 屏下方	
	停车平台环境检查	目检	停车平台干净无杂物、无灰尘、无散落线头，拼装板平直无变形、无掉漆，颜色无明显色差	
	加解锁平台环境检查	目检	加解锁平台应打扫干净整洁，无油污、生锈，无螺栓、线头、锡渣、螺栓工具等异物遗留	
	C/D 箱照明	目检	A 箱照明良好，A 箱开关正常控制	
	视觉摄像头安装检查	目检	（1）摄像头已安装。 （2）（左后和右前）透明盖板干净、透明，无破损，无影响摄像的遮挡物，增加到物料清单。 （3）视觉（左后，右前）无法关闭（点动）	
	停车平台拼板检查	卡尺、3mm工装块	（1）拼装板之间的间隙小于等于5mm，并且拼板之间不能互相挤压或叠压。建议公差改为小于等于10mm。 （2）相邻拼板之间的高低差应小于等于3mm。 （3）平台拼板不能有异响，晃动	
	举升机与开合门间隙检查	卡尺	（1）举升机到加解锁平台浮动板边缘距离为 26.5mm±5mm（举升机左右偏移量超过 20mm，建议修改为大于等于20mm）。 （2）举升机到开合门间隙大于等于15mm	
	接驳位电池输送链条检查	水平尺	（1）链条水平度小于等于2mm。 （2）链条相对于平台滚筒水平度小于等于2mm。 （3）包胶链条在导条内，无错位凸起	
	缓存位电池输送链条检查	水平尺	（1）链条水平度小于等于2mm。 （2）链条相对于平台滚筒水平度小于等于2mm。 （3）包胶链条在导条内，无错位凸起	
	加解锁枪头检查	目检	1～8 号枪头卡舌按压回弹正常	
	加解锁平台精度检查	数显水平尺、塞尺、1～2mm工装	（1）滚筒水平度小于等于1mm。 （2）电池传感器比相邻的电池支撑块上表面低 1～2mm	
	加解锁平台平台定位销检查	目检	加解锁平台平台上各定位销表面镀层无脱落，表面光滑、无凹坑，菱形定位销、圆销方向无误	

检查类别	检验项目	检验方法	检验标准	检验
停车平台检查	接线检查	目检	（1）集线器未使用的端口应使用堵头堵塞。 （2）导线松紧度合适并且不与其他部件干涉。 （3）集线器及接线端子无破损、断裂。 （4）集线器已手动拧紧。 （5）线头线标未漏装	
电池仓检查	电池仓/提升机环境检查	目检	无污垢、无生锈，打扫干净，无螺栓、线头、焊渣、螺栓工具等异物遗留	
	电池导向条间距检查	检具	（1）电池导向条的间距应为 2064（0～＋1）mm（前、后）（建议公差标准：0～＋2mm）。 （2）近仓 1～6mm。 （3）远仓 7～13mm。 （4）接驳位。 （5）提升机载货台	
	近/远仓包胶链条检验	数显水平尺、长水平尺、塞尺	（1）包胶链条水平度小于等于2mm。 （2）包胶链条在导条内，无错位凸起	
	提升机检查	数显水平尺、长水平尺	（1）链条水平度小于等于2mm。 （2）包胶链条在导条内，无错位凸起	
		长水平尺、塞尺	1mm 小于等于提升机载货台包胶链条比电池仓/接驳位包胶链条高小于等于2mm	
		塞尺	滑轮与轨道间距 0＜X≤0.5mm（手用力能转动） 检查位置：载货台在接驳位时	
		塞尺	导向轮低于提升机链条水平面，间距 0＜X≤2mm（放置水平尺后导向轮可以轻松转动）	
	保温棉安装	目检	保温棉包裹良好，无破损	
	水冷管接头检查	目检	（1）接头，堵头处包裹良好，抱箍处螺栓拧紧，抱箍需要嵌入套管中。 （2）管道进出水标识正确（带压力表管道箭头朝上，不带压力表管道箭头朝下）	
	水冷柜柜体检查	目检	（1）柜体固定到位。 （2）水冷箱出风口风道检查保温棉张贴完整。 （3）水冷箱外表无变形、掉漆等不良问题	
	水、电插头到位开关检查	目检	到位传感器安装到位、无松动	

续表

检查类别	检验项目	检验方法	检验标准	检验
电池仓检查	接线检查	目检	（1）集线器未使用的端口，应使用堵头堵塞。 （2）集线器导线松紧度合适并且不与其他部件干涉。 （3）集线器及接线端子无破损、断裂。 （4）集线器已手动拧紧。 （5）号码管未漏装	

3. 电气部件验收

电气部件验收项目及标准见表4-2。

表 4-2　　　　　　　　　　电气部件验收项目及标准

检查类别	检验项目	检验方法	检验标准		结果
主控柜检查	外观检验	目检	（1）柜体表面平整，无外伤及变形；漆面完整，无损伤、挂漆等。 （2）柜门及门锁检测正常。 （3）推拉主控柜，主控柜能被晃动		
	整洁度检查	目检	柜体内部整洁无杂物，无线头散落、线槽，导轨应水平无倾斜，走线方式正确，线色、号码管符合要求。AC 380、AC 220 输入点检查		
	部件安装检验	目检	（1）标签标识粘贴正确（包含网线），变频器/伺服有中文标识，参照内侧有元器件（空气开关/接触器）中文对应表。 （2）线槽无敞开端口		
	通风设备检查	目检	（1）风扇出风正常 （2）风扇防尘罩正确安装		
	照明检查	目检	柜内照明情况良好，无闪烁，门关后灯正常关闭		
	接线检查	目检/拉拔	（1）端子后端压接无露铜 （2）整站断电后，做线束拉拔力测试		
充电柜检查	充电柜整洁度检查	目检	柜体内部应整洁无杂物，无线头散落、线槽，导轨应水平无倾斜，导线的走线方式正确，线色及标号符合要求		
	充电柜照明检查	目检	柜内照明情况良好		
接地检查	主控柜接地检查	目检	检查以下接地接线线径符合要求，螺栓和线端子选择正确，并使用弹垫，接触面油漆刮除，布线和固定良好，两端都有接地标识		
			主控柜壳体与板房接地连接	4mm² 黄绿导线（BOM中无此物料，如果需要请NIO 变更 BOM）	

续表

检查类别	检验项目	检验方法	检验标准		结果
接地检查	外部接地（城市端）	目检	检查以下接地接线线径符合要求，螺栓和线端子选择正确，并使用弹垫，接触面油漆刮除，布线和固定良好，两端都有接地标识		
			驻留区底部框架和地基预留的镀锌扁钢	25mm² 黄绿导线	
			设备箱和镀锌扁钢接地连接	25mm² 黄绿导线	
			设备箱充配电柜与其下面的镀锌扁钢	25mm² 黄绿导线	
	箱体接地检查	目检	检查以下接地接线线径符合要求，螺栓和线端子选择正确，并使用弹垫，接触面油漆刮除，布线和固定良好，两端都有接地标识		
			控制箱底部框架和停车平台底部框架	25mm² 黄绿导线	
			设备箱底部框架和停车平台底部框架	25mm² 黄绿导线	
			水冷机组外壳与箱接地连接	4mm² 黄绿导线	
			网络机柜外壳与箱接地连接	4mm² 黄绿导线	
	停车平台接地检查	目检	检查以下接地接线线径符合要求，螺栓和线端子选择正确，并使用弹垫，接触面油漆刮除，布线和固定良好，两端都有接地标识		
			停车平台箱1（是不是快拼箱）底部框架和电池架底部框架（城市端检查）	25mm² 黄绿导线	
			停车平台箱2（是不是快拼箱）底部框架和电池架底部框架（城市端检查）	25mm² 黄绿导线	
			停车平台底部框架和驻留区底部框架	25mm² 黄绿导线	
			停车平台底部框架和电池仓底部框架	25mm² 黄绿导线	
			加解锁平台与停车平台底部框架	4mm² 黄绿导线	
			桥架座段间接地连接，两两连接，终端接地	4mm² 黄绿导线或线槽自带编织铜带	
	电池架接地线检查	目检	检查以下接地接线线径符合要求，螺栓和线端子选择正确，并使用弹垫，接触面油漆刮除，布线和固定良好，两端都有接地标识		
			桥架座段间接地连接	4mm² 黄绿导线或线槽自带编织铜带	
			桥架座与电池仓框架接地连接	4mm² 黄绿导线	

续表

检查类别	检验项目	检验方法	检验标准			结果
接地检查	保护接地连续性检查	接地测试仪	接地电阻小于等于 0.1Ω（填写实测值）			
			从前停车平台金属盖板表面上，对角取 2 点安装螺栓处（导电可靠），到充电柜地排测试接地电阻			
			从后停车平台金属盖板表面上，对角取 2 点安装螺栓处（导电可靠），到充电柜地排测接地电阻			
			从停车平台开合门上安装螺栓点（非地线连接处），取 2 个安装螺栓点，到充电柜地排测试接地电阻			
			从停车平台加解锁平台上表面选取 10 个枪（非地线连接处）上，取 2 个安装螺栓点，到充电柜地排测试接地电阻			
			从主控柜门上锁芯，到充电柜地排测试接地电阻			
			从元件电池仓电池架上水插头处，选取可导电点，到充电柜地排测试接地电阻			
			从远电池仓竖向线槽选取安装螺栓点，到充电柜地排测试接地电阻			
			从近电池仓竖向线槽选取安装螺栓点，到充电柜地排测试接地电阻			
软件检测	软件版本	记录 HMI 上显示的软件版本号	记录整站主控和 PLC 软件版本对 HMI 版本显示页拍照保留			
	消防功能（烟雾传感器）	目检	HMI 中可以看到消防报警记录			
	水位报警	目检	（1）用手托浮球，并查看 HMI 状态监控灯，HMI 有报警。 （2）手松开后，报警可以被消除（未触发时绿色灯常亮，触发后灯灭）。 （3）声光报警有报警声响（该条城市端验收）			
	温湿度报警	目检	（1）湿度达到 95%，HMI 有报警。 （2）低于 95%，报警可以被消除。 （3）声光报警有报警声响（该条城市端验收）			
充电功能测试	充电功能检查	目检	（1）电池连接正常，电池连续充电无异常 （2）每个仓充电完成后保留一个照片			
			1	2	3	
			4	5	6	
			7	8	9	
			10	11	12	
			13			

检查类别	检验项目	检验方法	检验标准			结果
BMS 刷写测试	BMS 刷写功能	目检	BMS 刷写功能正常，可自动、手动刷写			
			1	2	3	
			4	5	6	
			7	8	9	
			10	11	12	
			13			
水冷系统测试	水冷系统检查	目检	加热功能：（可不带电池）将目标温度设置比水温高 10℃，开启水冷机组，观察水箱温度，水温可达到设定温度			
			制冷功能：（可不带电池）将目标温度设定比实际温度低 8℃（若冬天，可先试验制热功能）观察水箱，温度降低到设定温度			
			出厂温度设定值符合标准 25℃			
			测试水冷与主控之间通信，主控可接受水冷信号（水冷机状态，外部管路压力、流量，水箱液位均有值）			
			带载测试（带电池，水电插头需插入），管路无泄漏（远/近仓管路都要试验）			
			水冷液位值，记录当时数值			
			水冷流量，记录当时数值			
UPS 测试	UPS 检查（应急电源）	目检	断开主电路后，UPS 启动，辅助电路正常运行，应急灯启动（城市端检查），主控柜 220V 灯亮，380V 灯灭			
	开合门移动过程中意外断电（主控急停）	目检	（1）拍下急停后，动作机构立即停止动作并停在原位。（2）主控柜 220V 灯亮，380V 灯灭。（3）系统恢复后，人为启动该动作，动作机构按照指令要求动作。（4）系统恢复供电并复位后，动作机构应保持原位，不能自动动作。（5）C 箱和 D 箱急停可以任选 2 项操作			
	加解锁平台升降过程中意外断电（充电柜急停）	目检				
	电池升降机意外断电测试（主控急停）	目检				
	四轮推杆运行中意外断电测试（充电柜急停）	目检				
	举升机升降过程中意外断电测试（主控急停）	目检				
	电池包转运过程中的意外断电（充电柜急停）	目检				

4. 换电功能验收

换电功能验收项目及标准见表 4-3。

表 4-3 换电功能验收项目及标准

检查类别	检验项目	检验方法	检验标准	结果
换电功能检测-手动模式	车轮推杆功能检测	目检	（1）推杆运行状态良好。 （2）4 个推杆极限位置自动停止，并告警（查看 HMI 报警信息）——极限位置检测后，护板移出盖板，复位时需要用手辅助退回，存在安全风险，复位后无机械异响，运行正常	
	车轮到位传感器检测	目检	车辆倒入后检测开关正常响应，无闪断（在测量车辆举升下沉量或者一次换电时验收）	
	车辆举升功能检测	目检	（1）升降功能正常，运行过程中无过热过载报警，到上/下限位位置自动停止，出现报警信息。 （2）观察 HMI 状态监控的对应传感器的状态灯是否触发。 （3）复位后无机械异响，运行正常	
	开合门功能检查	目检	（1）开合功能正常，运行过程中无卡滞、异响，无过载报警。 （2）极限位置自动停止，并告警，复位后无机械异响，运行正常	
	加解锁平台阻挡块	目检	挡块伸缩正常、无异响	
	加解锁平台升降功能检测	目检	（1）空载升降过程顺畅无异响、无阻滞，升降到极限位置能自动停止。 （2）观察 HMI 状态监控的对应传感器的状态灯是否触发	
	电磁铁检查	塞尺	（1）电磁铁和吸附块之间的间距应在 2～4mm。 （2）在浮动平台有偏移量情况下，4 个电磁铁都能正常吸附	
	车身定位销	目检	（1）升降过程中无卡滞、异响，运行功能正常。 （2）极限位置自动停止，并告警，复位后无机械异响，运行正常	
	提升机检查	目检	（1）提升机升降顺滑无异响，到达上下极限位置后能自动停止。 （2）观察 HMI 状态监控的对应上下行程开关的状态灯是否触发。 （3）复位后无机械异响，运行正常	
	提升机侧挡块	目检	（1）侧挡块伸缩正常无异响，螺栓低于尼龙块表面。 （2）挡块在槽内能自由活动，无卡涩	
	升降机定位检测	目检，水平尺	（1）升降机升降顺滑、无异响。 （2）4 仓和 6 仓，2 个对接位有对齐标识	

续表

检查类别	检验项目	检验方法	检验标准				结果
换电功能检测-手动模式	电池进出仓位	目测	（1）电池进出仓减速明显，电池转移平稳。 （2）到位传感器能正常工作，无报警。 （3）电池进仓到位阻挡块时，目测无反弹				
			1	2		3	
			4	5		6	
			7	8		9	
			10	11		12	
			13				
	电插头插拔	目检	所有仓位充电插头插拔顺畅，与电池电插头定位准确				
	水冷插头插拔	目检	所有仓位水冷插头插拔顺畅，与电池水插头定位准确				
	加解锁平台与接驳位、缓存平台、升降机电池转移	目检	（1）电池在接驳位、升降机、缓存区转移平稳，转移到位后减速、停止正常，定位精度符合要求。 （2）无异响，以及无其他报警				
	加解锁平台带电池检查（负载）	目检	（1）加解锁平台升降过程中应运行平稳，无摩擦、异响，平台无抖动等现象。 （2）运行过程无报警				
	加解锁平台带电池浮动	游标卡尺	（1）浮动回中偏差小于等于1mm。 （2）拉动过程无卡滞，回中过程无卡滞				

检查类别	检验项目	检验方法	检验标准							结果
换电功能检测-手动模式	举升机升降功能（带车）	激光测距仪	举升机末端下沉量偏差应小于1mm，举升机下沉量应小于等于2mm							

次数表：

立柱序号	第一次换电		变化量小于等于2mm	78次最后一次换电		变化量小于等于2mm	下降量偏差小于等于1mm
	抬升高度（mm）			抬升高度（mm）			
	空载	负载		空载	负载		
1-左前		0			0		0
2-左后		0			0		
3-右前		0			0		0
4-右后		0			0		

续表

检查类别	检验项目	检验方法	检验标准				结果
换电功能检测-手动模式	加解锁枪加锁扭矩检测	力矩扳手＋工装	加解锁枪头的加锁扭力符合扭矩值要求（N·m）				
		枪号	扭矩值	第1次	第2次	第3次	
		1					
		2					
		3					
		4					
		5					
		6					
		7					
		8					
		9					
		10					
换电功能测试-自动测试	自动换电	车辆/目检	（1）车辆一次鉴权换电成功，换电过程无异常。 （2）车身定位销裸露长度为29mm处画白色标识线（建议在零件上29mm处增加刻线，可去除此操作，且更加准确），同时保证白色标识线与车身定位孔齐平				
	电池定位检查	塞尺	电池侧面各位置与车底框架间隙偏差小于等于3mm，重复换电间隙符合要求。 位置8号和3号附近位置差，以及7号和4号附近位置差				
	连续自动换电	车辆，目检	（1）测78次换电。 （2）78（13×6，每3次换电完成后进行车辆上高压、车辆推斜、两扇开合门分别对角撬动）次换电开始前，要求开口项评审后（会议纪要）且关键特性尺寸合格。 （3）连续换电78次应无故障导致连续换电停止。 （4）将记录填写到《78次自动换电记录》，如有换电失败，则需要重新记录78次换电，并且由SQE来决定是否要求供应商提供纠正预防措施或者8D报告等。 （5）换电78次完成后自动输出测试报告				

5. 其他部件验收

其他部件验收项目及标准见表4-4。

表4-4　　　　　　　　其他部件验收项目及标准

检查类别	检验项目	检验方法	检验标准	结果
消防系统检查	消防支管检查	目检	（1）固定情况良好，不与其他部件干涉。 （2）有1~6标识	
	消防主管检查	目检	（1）管路型号正确，外部涂红色，固定情况良好，不与其他部件干涉。 （2）有1~6标识	

续表

检查类别	检验项目	检验方法	检验标准	结果
附属设施验收	换电站视频监控	目视、计算机	（1）视频可以实时监控停车平台和站外。 （2）外侧 5 个和平台 AR4 个，有影像。 （3）提升机和加解锁平台鱼眼相机能正常拍摄	
	整站安全标识	目视	无漏贴、歪斜、多贴	
	板房外饰板外观检查	目检	（1）产品外观不应有划伤、压伤、凸起、凹陷、锈迹、油污等。 （2）（充配电柜侧）门正常开关	
	板房整站照明检查	目检	停车平台、电池仓顶灯照明良好，灯罩无瑕疵，灯罩内部无杂物	
	声光报警	目检，噪声仪	声光报警器可以闪光，蜂鸣器可以鸣叫	
	应急灯安装检查	目检	应急灯安装位置正确，急停启动后应急灯可以自动亮起	
	定位滚轮警示条	目检	4 个定位滚筒四周应贴有警示胶带	
	检查卷帘门运行	目检，卷尺	所有卷帘门升降正常，运行无卡滞、异响	

（三）监控系统

参照第三章第一节"四、监控系统"工程竣工验收部分的内容。

三、资料归档

参照第三章第二节"五、项目资料归档"资料归档部分的内容。

第五章　分散式充电设施施工验收

目前新能源汽车越来越普及，充电设施日渐成为刚需；在商业用电与居民用电差价较大的情况下，在自家车位安装家用充电设施自然成为优选。本章从家庭客户角度定义了分散式充电设施的施工验收规范和流程。

第一节　工 程 施 工

分散充电设施的施工主要包括电缆敷设、充电设施的安装两部分。

一、电缆敷设

（一）施工主要流程

电缆敷设施工的主要流程如图 5-1 所示。

图 5-1　电缆敷设施工的主要流程

（二）施工注意要点

1. 电缆敷设的主要要求

（1）充电设施电源接入点可采用供电公司报装独立电表、物业电或客户入户电表总断路器下端（I_n 大于等于 40A），且 PE 接地端有效、可靠（接地阻值小于等于 4Ω），N-PE 电压小于 30V。

（2）尽可能使用明敷方式，避免破坏原有建筑结构，便于安装和维修。

（3）敷设前应按勘测方案路径再次确认电缆长度，根据敷设环境合理安排电缆余量，主电缆中间不宜出现接头。

（4）从取电点到充电设施使用的电缆必须确保完整，严禁在电缆长度不够的情况下进行续接。

（5）敷设前应检查电缆外观，确保无损伤，绝缘良好。

（6）电缆排管在敷设电缆前，应进行疏通，清除杂物。

（7）电缆在终端头宜留有备用长度，避免在接入充电设施内部时因长度过短而操作不便。

（8）电缆过墙开孔应注意避开墙内管线，避免污染墙面。同时做好封堵工作。

（9）电缆与电气元件（电源点或配电箱内保护开关）相连时，接线端子处导线不能超过 2 个；电缆需有明显标识。

（10）电缆与电气元件（电源点或配电箱内保护开关）相连时，若采用螺纹型接线端子与导线连接时，拧紧力矩值应符合 GB 50303—2015《建筑电气工程施工质量验收规范》附录 E 中要求。

在使用接地设施安装结束后应在接地极处粘贴明显的永久接地指示。

2. 电缆敷设的防火要求

（1）在电缆穿过竖井、墙壁、楼板或配电柜的孔洞处，应做防火封堵。电缆穿过保护管时，其管口应使用柔性的有机堵料封堵。

（2）当物业或客户有特殊要求时，可按设计要求采用耐火或阻燃型电缆。

（3）当电缆贯穿已运行的电缆孔洞、防火墙，也应及时恢复封堵。封堵处应密实牢固，外观整齐，不应透光。

（4）配电线路通过地板、墙壁、屋顶、天花板、隔墙等建筑构建时，其孔隙应按等同建筑构件耐火等级的规定封堵，封堵材料诸如防火胶泥、耐火隔板、填料阻火包、防火帽。

（5）严禁与重要公用回路或有保安要求的回路敷设在同一桥架、槽盒中。

3. 电缆线路在桥架中的敷设要求

（1）电缆在强电桥架、托盘或金属线槽内可以无间距敷设电缆，电缆在桥架、托盘或金属线槽内横断面积不应大于 40%，桥架上部距顶棚、楼板或梁等障碍物不宜小于 0.3m。

（2）电缆托盘和梯架水平敷设时，支撑点间距宜为 1.5～3m，垂直敷设时，其固定点间距不宜大于 2m。

（3）托盘和梯架，上部距顶棚或其他障碍物不应小于 0.3m，多组托盘梯架在同一高度平行敷设时，应留有满足维护检修的距离。

（4）电缆托盘和梯架不宜敷设在热力管道上方或腐蚀性液体管道下方。

（5）钢制电缆线槽、桥架。金属线槽及其支架应可靠接地，且全长不应少于 2 处与接地线（PE）相连。

（6）电缆桥架必须设置盖板，出墙处必须用防火泥封堵，应能防止鼠、蛇类等小动物进入箱内。所有穿层电缆周围必须包裹一层有机堵料（不得小于 20mm），并均匀密实。

二、充电设施的安装

充电系统指的是充电设施内部所有充电设施、电缆及相关辅助设备组成的系统，是充电设施的核心系统。本部分主要基于交流充电设施电气安装流程介绍施工主要流程和注意要点。

（一）施工主要流程

充电设施施工的主要流程如图 5-2 所示。

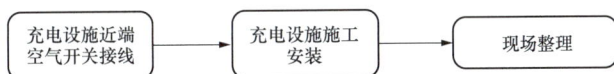

充电设施近端空气开关接线 → 充电设施施工安装 → 现场整理

图 5-2　充电设施施工的主要流程

（二）施工注意要点

充电设施常见的安装方式主要有两种，一种是立柱式安装，另一种是壁挂式安装。

1. 立柱式安装方式

（1）优先在拟定建桩位置挖水泥基座安装沟（安装沟根据水泥基座尺寸

进行调整）。

（2）电缆需由水泥基座的过线孔上引至充电设施；如现场无可靠接地，需将接地签字安装在立柱过线孔周边，严禁外露在立柱以外。

（3）将水泥基座埋在安装沟内，然后将立柱固定在水泥基座上。

（4）将剩余电流动作保护器安装在立柱内。

（5）完成接线作业。

2．壁挂式安装方式

（1）采用过渡支架以及记号笔标记充电设施安装孔位置。

（2）进行开孔作业；并将膨胀螺栓装至安装孔内，紧固；完成过渡支架安装；将充电设施固定到过渡支架上。

（3）根据充电设施的位置，确定空气开关盒的位置；并进行开孔作业，安装空气开关盒。

（4）完成接线作业。

3．充电设施安装工艺

（1）壁挂式充电设施安装墙面质地需坚硬且稳定，避免在具有保温隔热层或矿棉板之类的墙面上安装，若条件限制必须在此环境下安装充电设施，可使用飞机膨胀管或加长圆形膨胀管固定管卡；应先将充电设施固定后，根据充电设施位置选取剩余电流动作保护器位置。

（2）遇墙面有瓷砖、大理石、文化砖等装饰材料时，需先使用中 10mm 的瓷砖开孔器将瓷砖类墙面开孔后，再使用冲击钻在实体墙壁上开孔。

（3）充电设施户内落地安装时，如条件不允许可不做地基（需客户在竣工说明处签字）。户外落地安装时，必须做水泥底座（50cm×50cm×10cm，长×宽×高），水泥基础上端面需与地面齐平；立柱安装需稳定、牢靠。

（4）壁挂式充电设施建议对地安装高度为 1.2m（充电设施下端面距地面）。

（5）若使用软性电缆，接地处须使用铜线鼻；单股硬线必须采用回弯接线方式。电气元件进出线处应使用鸭嘴鼻，压线须使用专用工具。

（6）接线规范化，相线颜色为黄、绿、红，N 线为蓝色，PE 线为黄绿双色线。导线排列整齐，带电部分不外露。注意配电箱、电表箱本体接地事宜；

接地线需采用黄绿色软线；严禁接地线端子双压情况的发生。

（7）空气开关盒应避免上、侧开孔情况；断路器与空气开关盒的空隙应用挡板进行封堵，并采用带电警示贴纸封堵断路器接线孔，并在断路器两侧采用端子进行固定。空气开关盒外侧封盖也应贴饰带电警示贴纸。

（8）注意配电箱、空气开关盒、电表箱（客户本人、国网电表）的封堵措施，包括在开孔、接线处也要重点关注，务必不要影响产品本身的防护等级；如客户提供的电源点或客户自行购买的相关器件存在安全隐患（防护等级等方面），应告知客户并签署免责协议书。

（9）当充电设施落地安装时，如条件允许，充电设施基础距停车位边缘的净距不小于 0.4m；当安装空间受限时，尽可能留有一定安全距离。

（10）当客户建桩地址无供电系统提供的地线时，需要安装服务团队自行在现场制作地线装置时需采用地线钎子。推荐地线钎子长度为 1500mm、直径为 16mm（地线钎子外表需镀锌），安装施工人员需将该地线钎子嵌入建桩地附件的大地内（需嵌入至大地土壤内，垃圾地、砖地是无效的）。

第二节　竣 工 验 收

分散式充电设施工程验收是指对充电设施本体及其电缆施工进行完整性、功能性、美观性检验试验，以及对施工与管理资料、工程实体和备品备件等方面进行接收检查工作。本节主要介绍分散式充电设施的验收工作要点。

一、外观和结构验收

（1）充电设施外观、表面无破损及划痕。

（2）充电设施供电电缆需穿管保护，不可裸露在外。

（3）充电设施及其配套电气零部件固定需稳固。

（4）安装人员应依据相关标准和电气规范进行检查验收，确保安装结果满足相应要求，填写并保存验收记录，方便日后维护。

（5）安装结束，安装人员应打扫施工现场，及时清运废弃物、垃圾，严禁随意焚烧、堆放、丢弃。

二、功能验收

（1）邀请顾客参与验收过程，向顾客解释安装细节，并演示采用仪器设备检测（绝缘测试、接地电阻等）例行验收项目。

（2）若顾客现场不能提供实车充电，安装人员应配备可实现模拟充电的装置，以确认充电设施功能完好，达到了充电要求。

三、急停功能验收

充电设施安装完毕后，安装人员需对客户进行简要的使用培训，并重点培训客户急停开关的使用方法及其位置。

四、资料归档

充电设施安装完毕后，资料归档阶段，主要涉及勘察、竣工验收文件及图片等的归档。

1. 工具摆放和安装人员合影

工具摆放和安装人员合影如图 5-3 所示。

图 5-3　工具摆放和安装人员合影

检查点：

（1）安装人员穿戴反光马甲、绝缘鞋和安全帽。

（2）摆放常用工具和主辅料。

（3）安装现场拉警戒线。

2. 勘测单

检查点：

（1）表格清晰，文字可辨。

（2）表格居中，不倾斜。

（3）填写完整，书写工整。

（4）涉及客户签字部分不允许施工人员代签，可由客户指定家人代签或微信、短信确认。

勘测单表格详见附录 J

3. 竣工单

检查点：

（1）表格清晰，文字可辨。

（2）表格居中，不倾斜。

（3）填写完整，书写工整。

（4）涉及客户签字部分不允许施工人员代签，可由客户指定家人代签或微信、短信确认。

竣工单表格详见附录 K。

附录 A　充电站网上备案示例

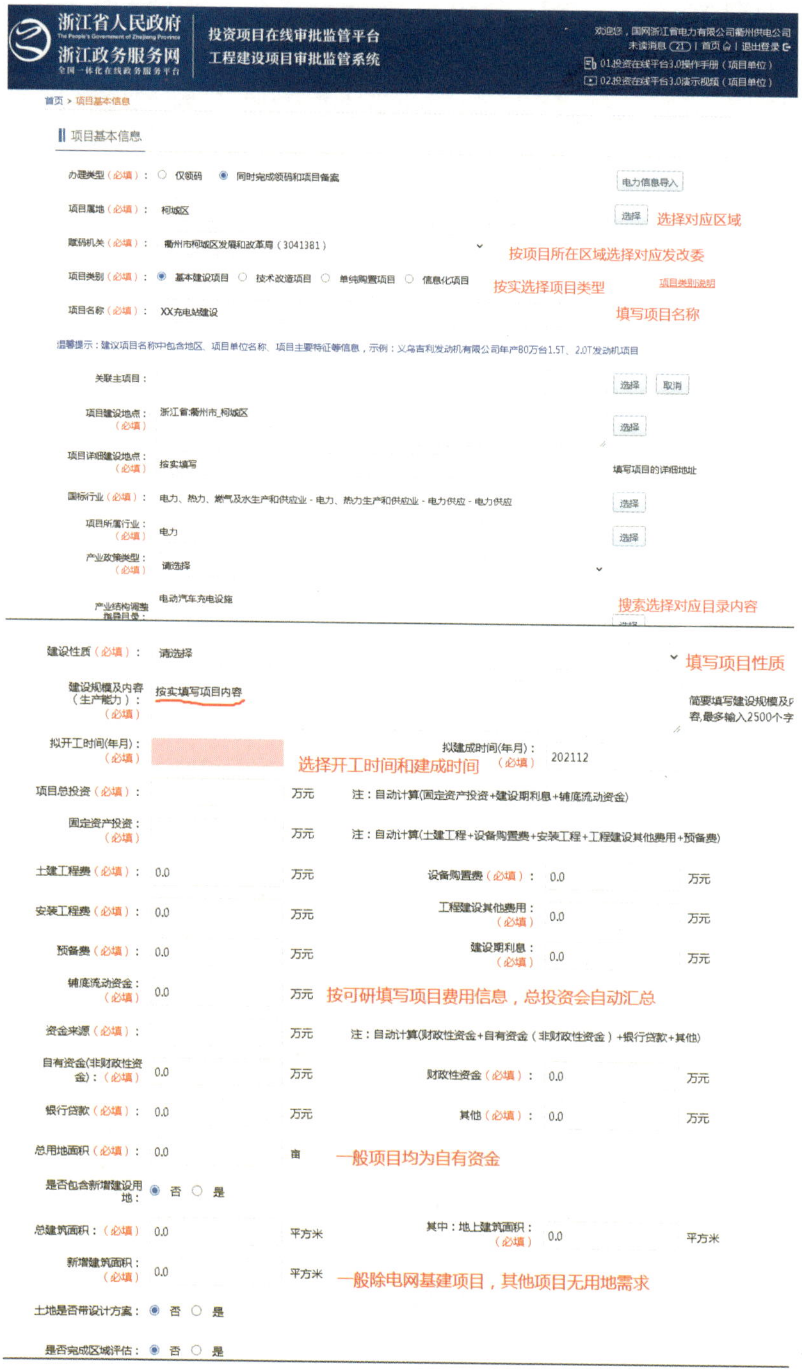

意向用电时间：　　　　　　　　　　　　　　　意向用电容量：　　　　　　　　kVA（KW）

意向新装水表：　◉ 否　○ 是

意向新装气表：　◉ 否　○ 是

是否同意将项目信息共享给水电气等市政公用部门：　○ 否　◉ 是

招标人：　国网浙江省电力有限公司衢州供电公司

项目属性：　○ 民间固定资产投资项目　◉ 国有控股项目　○ 其他项目　　项目属性说明

□ 是浙商回归项目　　☑ 是央企合作项目　　**一般选这两个**

□ 项目选址是位于国家级、省级经济开发区、园区、省级产业集聚区

项目附件：　　　　　　　　　　　　　　　　　　　　　　　　　　　上传

▌ 项目申请单位

项目（法人）单位：　国网浙江省电力有限公司衢州供电公司　　　　　　**按实际填写**
（必填）

企业登记注册类型：　企业法人　　∨　　　　证照类型（必填）：　统一社会信用代码　∨
（必填）

项目法人证照号码：　91330800609810038H　　　　　　　　　　　导入企业信息
（必填）

单位地址（必填）：　衢州市新河沿6号

成立日期（必填）：　199503

注册资金（必填）：　0.0　　　　万　　　　币种（必填）：　人民币

主要经营范围：　电力供应；输变电工程的设计施工.
（必填）

接收批文邮寄地址：　按实填写
（必填）

法定代表人（必填）：　黄宏和　　　　　法定代表人手机号码：
（必填）

经办联系人信息

项目负责人姓名：　姓名　　　　　　　　项目负责人手机号码：　手机号码
（必填）　　　　　　　　　　　　　　　（必填）

项目负责人职务：　职务　　　**按实填写**　　项目负责人电子邮箱：　电子邮箱
（必填）　　　　　　　　　　　　　　　（必填）

联系人姓名（必填）：　姓名　　　　　　联系人手机号码：　手机号码
（必填）

联系人电子邮箱：　电子邮箱
（必填）

▌ 设备清单

添加　　下载导入模板　　导入设备清单

总金额：　　　　　　　　万元　　+　　　　　　　　万美元

保存　　　　确认提交

附录B 高压报装资料清单

业务环节	资料名称	资料说明	备注
用电申请	1.用电人有效身份证明	以下材料提供其一： （1）居民身份证原件或临时身份证原件； （2）户口本原件； （3）军官证或士兵证原件； （4）台胞证原件； （5）港澳通行证原件； （6）外国护照原件； （7）外国永久居留证（绿卡）原件； （8）其他有效身份证明文书原件等	以自然人名义办理时必备
		以下材料提供其一： （1）营业执照（副本）原件； （2）组织机构代码证（副本）原件等。 如无法提供原件、提供复印件时企事业单位应加盖公章	以非自然人名义办理申请时必备。已提供加载统一社会信用代码的营业执照的，不再要求提供组织机构代码和税务登记证明
		（1）授权委托书原件或单位介绍信原件（自然人名义办理时不提供）； （2）经办人有效身份证明原件（包括身份证、军人证、护照、户口簿或公安机关户籍证明等）	非户主或非企业负责人（法人代表）办理时必备
	2.用电地址权属证明材料	（1）固定车位产权证明或产权单位许可证明； （2）政府职能部门有关项目立项的批复文件； （3）主要充电设备符合国家和行业标准的证明材料	
		物业等有权部门出具允许施工的书面说明	在公共场所
竣工检验	竣工资料	（1）工程设计资质证书； （2）经加盖出图章且装订成册的工程设计文件和说明	高压非普通客户且有工程，在设计文件审核环节提供，其他客户在竣工报验时提供
		（3）施工单位的承装（修、试）电力设施许可证； （4）施工单位出具的隐蔽工程施工记录，接地电阻测量记录。 （5）施工单位出具竣工图纸、电气试验报告及保护整定调试记录	高压非普通客户，在中间检查环节提供；其他客户在竣工报验时提供
备注	1. 如无特殊说明，"客户申请所需资料"均指资料原件。 2. 与政府部门通过数据共享可获取的材料，免于提供。 3. 在办理其他电力业务时已经提交且尚在有效期内的材料，免于提供		

附录 C 低压报装资料清单

业务环节	资料名称	资料说明	备注
用电申请	1. 用电人有效身份证明	以下材料提供其一： （1）居民身份证原件或临时身份证原件； （2）户口本原件； （3）军官证或士兵证原件； （4）台胞证原件； （5）港澳通行证原件； （6）外国护照原件； （7）外国永久居留证（绿卡）原件； （8）其他有效身份证明文书原件等	以自然人名义办理
		以下材料提供其一： （1）营业执照（副本）原件； （2）组织机构代码证（副本）原件等。 如无法提供原件、提供复印件时企事业单位应加盖公章	以非自然人名义办理。已提供加载统一社会信用代码的营业执照的，不再要求提供组织机构代码和税务登记证明
		电动汽车购车意向协议或购车发票或电动汽车行驶证	
		授权委托书以及经办人有效身份证明原件（包括身份证、军人证、护照、户口簿或公安机关户籍证明等）	非户主办理提供
	2. 用电地址权属证明	以下材料提供其一： （1）固定车位产权证明或产权单位许可证明； （2）固定车位一年以上（含一年）使用权证明	
		物业、业主委员或村委会出具的"允许施工证明"	
		停车位（库）平面图或现场环境照片	
备注	1. 如无特殊说明，"客户申请所需资料"均指资料原件。 2. 与政府部门通过数据共享可获取的材料，免于提供。 3. 在办理其他电力业务时已经提交且尚在有效期内的材料，免于提供		

附录 D 充电设备调试报告参考模板

站点名称：					
设备型号：		资产码：			
编号	检查项目	序号	测试项目	测试方法	测试结论
1.1	设备检查	1	设备外观检查	检查设备是否有磕碰、掉漆、磨损现象	
		2	设备接线检查	检查设备电源线、通信线等是否可靠连接	
		3	设备元器件检查	检查设备元器件是否有损坏或者缺件	
1.2	设备上电检查	1	设备交流输入电压	交流输入电压测量	
		2	BMS 辅助电源电压	BMS 辅助电源电压测量	
		3	交流接触器状态	插枪后能否吸合	
		4	充电机充电方式	3 种充电方式下完成整个充电过程	
		5	资产编码检查	检查资产编码显示是否正确	
		6	电价显示	检查设备信息里电价显示是否正确	
1.3	状态量	1	充电机工作状态	显示是否正确	
		2	急停按钮状态	状态是否正确	
		3	防雷器开入	显示是否正确	
		4	输入电压欠压	显示是否正确	
		5	输入电压过压	显示是否正确	
		6	是否连接车辆	显示是否正确	
		7	直流输出接触器状态	显示是否正确	
1.4	充电数据	1	充电电压	数据是否正确显示	
		2	充电电流	数据是否正确显示	
		3	状态指示灯	是否正确显示	
1.5	充电模式	1	充电卡充电	是否充电正常	
		2	e 二维码充电	是否充电正常	
		3	e 账号充电	是否充电正常	
1.6	问题备注	1			

测试结论：

测试人员：
合格日期： 年 月 日

附录E 监控系统验收单

序号	类别	验收内容及标准要求	是否合格
	资料验收	验收时间：　　　　　验收人签字：	
1		采购合同副本及技术协议应完整无缺，符合规范要求	□是　□否
2		施工方案、变更设计技术文件、竣工图应整洁、齐全，与现场一致	□是　□否
3		各型摄像机型式试验报告、试挂测试报告、出厂试验报告、设备合格证、设备安装使用说明书应整洁、齐全，与现场一致	□是　□否
4		到货验收清单、设备移交清单应整洁、齐全，与现场一致	□是　□否
5	资料及文件验收	系统配置图、网络配置图应整洁、齐全，与现场一致	□是　□否
6		电气设备和机柜的布置图和接线图应整洁、齐全，与现场一致	□是　□否
7		前端系统图纸和配置图、线缆清册应整洁、齐全，与现场一致	□是　□否
8		安装调试报告与设备点位台账应完整、正确、与现场一致	□是　□否
9		平台操作手册、维护手册、验收记录卡、培训记录等资料应整洁、齐全	□是　□否
	实物验收	验收时间：　　　　　验收人签字：	
1	摄像头	信号线和电源线外露部分用软管保护，并不影响云台的转动	□是　□否
2		立杆支架固定牢固	□是　□否
3	汇聚箱	箱体、设备固定牢固，标签标识清楚注明	□是　□否
4		线缆标识标牌标签内容正确、规范，悬挂准确、整齐，清楚注明二次电缆的类型、两侧所接位置	□是　□否
5	NVR	设备标签标识应准确、整齐	□是　□否
6		设备外壳接地应牢固、可靠	□是　□否
7	电源	图像监控系统按设计图纸取电，电源空气开关严禁交直流混用	□是　□否
8	线缆（电缆、光缆）	标签标识内容正确、规范，悬挂准确、整齐，清楚注明二次电缆的类型、两侧所接位置	□是　□否
9		接线布置规范，空气开关和接线端子接线无短路接地隐患	□是　□否
10		智能柜内的光纤应完好，弯曲度应符合设计要求	□是　□否

续表

序号	类别	验收内容及标准要求	是否合格
11	管材	室外环境施工使用镀锌钢管，室内使用 PVC 管或 PVC 线槽	□是　□否
12	接地	立杆、汇聚箱采用接地扁铁就近接地，深度不少于 50cm	□是　□否
13		各开启门与柜体之间应至少有 4mm^2 铜线直接连接	□是　□否
14	隐蔽工程	墙面地面开槽挖沟，管子预埋，恢复施工照片	□是　□否
功能验收		验收时间：　　　　　　验收人签字：	
1	实时预览	至少同时流畅的显示 9 路 720P 实时视频，至少应支持 1/4/9 全屏显示	□是　□否
2	视频参数	字幕叠加应统一格式，至少应包括位置信息、时间信息和可控标识	□是　□否
3		视频图形监控中设备数量、安装位置、运行状态正常，预置位准确合理，视频画面清晰	□是　□否
4		录像回放图像保存周期大于 45 天（安防图像保存周期大于 90 天）	□是　□否

附录 F　项目各阶段资料名称

项目阶段	资料类型	资料名称
前期准备阶段	立项文件	项目可研报告
		项目估算书
		可研评审意见
		可研批复意见
	备案文件	备案证明
实施阶段	设计招标	设计招投标文件
		设计中标通知书
		设计合同
	初步设计	初步设计方案
		项目概算书
		初设评审意见
		施工图
		初设批复意见
	监理招标	监理招投标文件
		监理中标通知书
		监理合同
	设备招标	设备招投标文件
		设备中标通知书
		设备合同
	施工招标	施工招投标文件
		施工中标通知书
		施工合同
	施工管理	现场勘查记录
		开工报告
		三措一案
		安全交底记录
		技术交底记录
		工程变更联系单
		工程变更签证单
		施工图

项目阶段	资料类型	资料名称
实施阶段	施工管理	监理旁站记录
		监理报告
验收阶段	竣工验收管理	工程中间（隐蔽工程）验收记录单
		施工单位三级自验收报告
		竣工验收申请书
		工程量统计表
		竣工验收报告
		安装记录（主要设备和材料）
		设备调试报告
		设备合格证（供电设备、充电桩、线缆、监控设备等）
		设备型式试验报告（所有需要提供的设备）
		设备出厂试验报告（所有设备）
		计量表具检定报告
		竣工图
	结算管理	施工结算书
		结算审价报告
		竣工决算报告
		竣工决算审计报告

附录 G　螺栓、螺钉、螺柱的预紧力矩

公称直径	螺母直径（mm）	截面积 A（mm²）	性能等级/抗拉强度 σ_b/（MPa）			
			8.8/800		A2-20/700	
			标准	上限	标准	上限
				下限		下限
M4	7	8.78	2	2.1	2	2.1
				1.9		1.9
M5	8	14.2	4	4.2	4	4.2
				3.8		3.8
M6	10	20.1	7	7.4	6	6.3
				6.6		5.7
M8	13	36.6	18	19	16	17
				17		15
M10	16	58	36	38	31	33
				34		29
M12	18	84.3	62	66	54	57
				58		51
M14	21	115	99	104	70	73
				94		66
M16	24	157	154	162	135	142
				146		128
M20	30	245	301	316	263	276
				286		Y
M24	36	353	521	547	455	478
				495		432
M30	46	561	1034	1086	905	950
				982		860
M36	55	817	1807	1897	1581	1660
				1717		1502
M42	65	1120	2890	3035	2529	2655
				2746		2403
M48	75	1470	4335	4552	3793	3983
				4118		3603

附录 H 施工验收记录表

检查类别	检验项目	检验方法	检验标准	
整站接地检查	主控柜接地检查	目检	检查以下接地接线线径符合要求，螺栓和线端子选择正确，接触面油漆刮除，布线和固定良好	
			主控柜壳体与板房接地连接	4mm² 黄绿导线
	外部接地	目检	驻留区底部框架和地基预留的镀锌扁钢	25mm² 黄绿导线
			设备箱和镀锌扁钢接地连接	25mm² 黄绿导线
			设备箱充配电柜与其下面的镀锌扁钢	25mm² 黄绿导线
	箱体接地检查	目检	检查以下接地接线线径符合要求，螺栓和线端子选择正确，接触面油漆刮除，布线和固定良好	
			控制箱底部框架和停车平台底部框架	25mm² 黄绿导线
			设备箱底部框架和停车平台底部框架	25mm² 黄绿导线
			水冷机组外壳与箱接地连接	4mm² 黄绿导线
			网络机柜外壳与箱接地连接	4mm² 黄绿导线
			停车平台箱1底部框架和电池架底部框架	25mm² 黄绿导线
			停车平台箱2底部框架和电池架底部框架	25mm² 黄绿导线
	停车平台接地检查		停车平台底部框架和驻留区底部框架	25mm² 黄绿导线
			停车平台底部框架和电池架底部框架	25mm² 黄绿导线
			加解锁平台与停车平台底部框架	4mm² 黄绿导线
			桥架座段间接地连接，两两连接，终端接地	4mm² 黄绿导线或线槽自带编织铜带
	电池架接地线检查	目检	检查以下接地接线线径符合要求，螺栓和线端子选择正确，接触面油漆刮除，布线和固定良好	
			桥架座段间接地连接	4mm² 黄绿导线或线槽自带编织铜带
			桥架座与电池仓框架接地连接	4mm² 黄绿导线
整站接地测量检查	保护接地连续性检查	接地测试仪	接地电阻小于等于 0.1Ω（填写实测值）	
			从前停车平台金属盖板表面上，对角取2点安装螺栓处（导电可靠），到充电柜地排测试接地电阻	
			从后停车平台金属盖板表面上，对角取2点安装螺栓处（导电可靠），到充电柜地排测试接地电阻	
			从停车平台开合门上安装螺栓点（非地线连接处），取2个安装螺栓点，到充电柜地排测试接地电阻	
			从停车平台加解锁平台上表面选取10个枪（非地线连接处）上，取2个安装螺栓点，到充电柜地排测试接地电阻	

续表

检查类别	检验项目	检验方法	检验标准
整站接地测量检查	保护接地连续性检查	接地测试仪	从主控柜门上锁芯，到充电柜地排测试接地电阻
			从元件电池仓电池架上水插头处，选取可导电点，到充电柜地排测试接地电阻
			从远电池仓竖向线槽选取安装螺栓点，到充电柜地排测试接地电阻
			从近电池仓竖向线槽选取安装螺栓点，到充电柜地排测试接地电阻
整站绝缘检查	绝缘电阻检查	绝缘测试仪	绝缘电阻不小于10MΩ，充配电柜进线铜排对地
			绝缘电阻不小于10MΩ，充配电柜每组直流出线铜排到电池仓电连接器（断开插头），正负和对地

附录I 自动换电检测记录表

自动换电测试						
换电站名称：			换电站编号：			
记录者/日期		审核日期	文件版本号		1.0	
次数	时间	仓位	换电结果	故障现象	原因分析及处理方法	备注
1		1	OK/NG	如发生故障，则调整后再重新换电78次	需要使用以下工具分析：1. onepage 2. 8D报告	每3次下一次车
2		1				
3		1				
4		2				
5		2				
6		2				
7		3				
8		3				
9		3				
10		4				
11		4				
12		4				
13		5				
14		5				
15		5				
16		6				
17		6				
18		6				
19		7				
20		7				
21		7				
22		8				
23		8				
24		8				
25		9				
26		9				
27		9				

续表

次数	时间	仓位	换电结果	故障现象	原因分析及处理方法	备注
28		10				
29		10				
30		10				
31		11				
32		11				
33		11				
34		12				
35		12				
36		12				
37		13				
38		13				
39		13				
40		1				
41		1				
42		1				
43		2				
44		2				
45		2				
46		3				
47		3				
48		3				
49		4				
50		4				
51		4				
52		5				
53		5				
54		5				
55		6				
56		6				
57		6				
58		7				
59		7				
60		7				
61		8				
62		8				
63		8				

续表

次数	时间	仓位	换电结果	故障现象	原因分析及处理方法	备注
64		9				
65		9				
66		9				
67		10				
68		10				
69		10				
70		11				
71		11				
72		11				
73		12				
74		12				
75		12				
76		13				
77		13				
78		13				

附 录 J 检 测 单

<table>
<tr><td rowspan="6">基本信息</td><td colspan="2">客户名称：</td><td>联系人：</td><td colspan="2">联系电话：</td></tr>
<tr><td colspan="2">安装地址： 省/直辖市</td><td>市/区/县</td><td colspan="2">路/街</td></tr>
<tr><td colspan="2">物业公司联系人：</td><td colspan="2">物业公司联系电话：</td><td>物业是否在场：□是　　□否</td></tr>
<tr><td colspan="5">物业公司特殊要求：</td></tr>
<tr><td colspan="2">勘察人：</td><td colspan="2">联系方式：</td><td>勘察日期：　年　月　日</td></tr>
</table>

<table>
<tr><td rowspan="20">勘察信息</td><td colspan="2">车位情况：□地下　　□户外　　□自有车库
□其他：</td><td>是否有移动 4G 信号：□是　　□否</td></tr>
<tr><td colspan="3">用电情况：□国网电　□物业电　□自有电（取电点上级电缆：规格：　mm²；长度：　m）
注：自有电需要查看上级电缆情况，如无法提供，将无法评估充电墙盒是否可以正常使用或造成火灾等潜在风险</td></tr>
<tr><td colspan="2">取电点上级保护器容量：　A</td><td>取点电上级剩余电容量：　A</td></tr>
<tr><td colspan="2">取电点至安装点距离：约　m</td><td>安装点实地温度：　℃</td></tr>
<tr><td colspan="2">取电点是否有可靠的接地排：□是　　□否</td><td>安装方式：□壁挂　　□立柱
□其他：</td></tr>
<tr><td colspan="3">取电点电压测试：测量时间：上午/下午　时，L-N 电压：　V；L-PE 电压：　V
注：L-N 的电压应在 209～235V 范围内，L-N 与 L-PE 电压偏差不超 5V</td></tr>
</table>

施工设计图
1. 标注清楚电源情况；
2. 标注清楚充电墙盒上级配电盒位置；
3. 标注清楚电源至充电墙盒上级配电盒位置电缆距离及线径

取电点

充电墙盒

其他特殊情况描述：
□打墙洞：　个
□土路开挖及恢复：　m
□水泥路开挖及恢复：　m
□柏油路开挖及恢复：　m
□埋接地极：　个
□安装桥架：　m
□高空布线：　m
□电表安装：　个
□其他：

勘测结果：□可安装　　□待国网报装　　□待增容　　□其他（注如建桩位置存在安全隐患，请在此处注明）

	名称	型号/规格	数量	名称	型号/规格	数量
准备材料清单	电缆	× mm^2	m	断路器		个
	PVC 管		m	漏电开关		个
	镀锌管		m	浪涌保护器		个
	波纹管		m	电表		个
	水泥基础		个	保护箱		个
	其他材料：					

国网报装	提交国网日期： 年 月 日		国网勘测日期： 年 月 日
	领电表日期： 年 月 日		通电日期： 年 月 日

预计收费项目：

预计收费合计：	预安装日期：

客户评价信息：□满意　　□不满意（不满意原因：　　　　　　　　　　　　　　）

注：即使勘测符合使用条件，在实际充电过程中，也可能会偶发出现由于用电高峰等原因造成的电源点电压波动，导致压差变大。为保证使用安全，车辆可能会自动终止充电过程。如有问题，您可以拨打热线 400-828-0768。

客户（签名/日期）：	物业公司（签名/日期）：

附录K 竣 工 单

客户名称：		联系人：		联系电话：	
安装地址：	省/直辖市	市/区/县		路/街	
物业公司联系人：		物业公司联系电话：		物业是否在场：□是 □否	
安装人：		联系方式：		安装日期：	
充电墙盒型号：		充电墙盒编号：			

内容安装	用电情况：□国网电　□物业电　□自有电			安装方式：□壁挂　　□立柱 □其他：		
	敷设方式：□通过导管　　□通过已有桥架　　□通过新敷设桥架　　□埋入地下 □其他：					

	名称	型号/规格	数量	名称	型号/规格	数量
实际安装材料清单	电缆	mm²	m	断路器		个
	PVC管		m	漏电开关		个
	镀锌管		m	浪涌保护器		个
	波纹管		m	电表		个
	水泥基础		个	保护箱		个
	其他材料：					

	名称	描述	金额	名称	描述	金额
增项服务	电缆			打墙洞		
	零部件			路面开挖及恢复		
	立柱			水泥基础		
	保护箱					
					合计金额：	元

调查检查内容	现场试充方式：□客户车辆试充　□安装工程师车辆试充　□其他车辆试充　□模拟器试充（有负载/无负载）　□未试充	
	□充电墙盒外观完好，无划伤及磕碰等现象	□位置合理，固定良好，张贴警示标识
	□充电墙盒及取电点内各接线插头紧固到位、无松动	□每张充电卡都可以正常使用，可正常刷卡给车辆充电
	□接线端子处贴有安全警告标识	□A型漏电开关功能良好（测试漏电跳闸）（如安装）
	□闭合充电桩上级断路器，各指示灯显示正常	□电表运转正常（如安装）

续表

调查检查内容	□通电后充电墙盒上级断路器供电电压应在 209～235V 范围内（测量时间：上午/下午 时，测量值： V）	
	□回路绝缘电阻正常（断电后测量 L-N、L-PE 的绝缘电阻值不应小于 10MΩ。测量值：L-N MΩ，L-PE MΩ）	
现场培训	□给用户进行充电操作培训	□告知使用时的注意事项
	□告知不同指示灯代表的含义	□告知维护保养的方法
	□告知故障报修的方法及方式	□提供客户与安装完成并正常运行中的充电设施进行合影
	□协助客户绑定 MMA（如不能绑定请说明原因： ）	
附件移交	□RFID 卡（二张）	□六角扳手
	□用户速查手册	□《用户使用服务手册》电子版
	□其他：	

注：即使安装符合使用条件，在实际充电过程中，也可能会偶发出现由于用电高峰等原因造成的电源点电压波动，导致压差变大。为保证使用安全，车辆可能会自动终止充电过程。如有问题，您可以拨打热线 400-828-0768。

本充电墙盒已安装调试完毕且运行正常 安装方（签名/日期）：	本充电墙盒已安装调试完毕且运行正常，使用操作已掌握 客户（签名/日期）：

NB/T 33001—2018
《电动汽车非车载传导式充电机技术条件》

目　次

前　言

本标准代替 NB/T 33001—2010《电动汽车非车载传导式充电机技术条件》。与 NB/T 33001—2010 相比，除编辑性修改外主要技术变化如下：

——删除了原标准中"7　检验规则"和"8　试验方法"两章，该部分内容见 NB/T 33008.1；

——新标准新增"5　充电机分类"一章，从不同角度对充电机进行分类；

——新标准"8　标志、包装、运输及贮存"对应原标准"9　标识"；

——新标准"3　术语和定义"，对原标准"3　术语和定义"进行了修改，并增加了 19 个新的术语和定义；

——新标准"4　基本构成"，对原标准"4　基本构成"内容进行了修改，并增加了构成原理框图；

——新标准"6　功能要求"，对原标准"5　功能要求"中的"通信功能""人机交互功能""输入功能""计量功能"进行修改；删除了原标准中的"适用电池种类""充电设定方式""低压辅助电源"；新增加"绝缘检测功能""直流输出回路短路检测功能""车辆插头锁止功能""预充电功能""急停功能""保护功能"；

——新标准"7　技术要求"，对原标准"6　技术要求"的"环境条件""电源要求""耐环境要求""温升要求""防护要求""安全要求""电气绝缘性能""输出电压和电流""充电机效率和功率因数""电磁兼容要求""机械强度""噪声"进行了修改；删除了原标准中的"可靠性指标""均流不平衡度"；新增"电流纹波""恒功率输出""低压辅助电源""充电机输出响应要求""启动输出过冲""电容耦合""待机功耗""输出电压、电流测量误差""充电模式和连接方式""控制导引电路""充电控制时序和流程""机械强度""机械开关设备特性""高低温和湿热性能"；

——"8　标志、包装、运输及贮存"，修改并增加了标志的内容，新增包装、运输、贮存要求。

本标准由中国电力企业联合会提出。

本标准由能源行业电动汽车充电设施标准化技术委员会（NEA/TC3）归口。

本标准主要起草单位：国家电网有限公司、许继集团有限公司。

本标准参加起草单位：南瑞集团有限公司、深圳奥特迅电力设备股份有限公司、山东鲁能智能技术有限公司、珠海泰坦科技股份有限公司、广东电网有限责任公司电力科学研究院、许昌开普检测技术有限公司、中国电器科学研究院有限公司、上海电器科学研究院、普天新能源有限责任公司、易事特集团股份有限公司、青岛特来电新能源有限公司、江苏万邦德和新能源科技有限公司、杭州中恒电气股份有限公司、比亚迪汽车工业有限公司、华为技术有限公司、中兴通讯股份有限公司、深圳腾势新能源汽车有限公司、瑞安市新泰电力设计有限公司。

本标准主要起草人：武斌、李晓强、董新生、倪峰、李彩生、韩海伦、张建伟、李志刚、李建祥、潘景宜、邓凯、贺春、陈永强、李新强、邵浙海、王凤仁、周强、刘明刚、许胜飞、王洪军、王少华、范爱珍、黄伟、尚博。

本标准在执行过程中的意见或建议反馈至中国电力企业联合会标准化管理中心（北京市白广路二条一号，100761）。

电动汽车非车载传导式充电机技术条件

1 范围

本标准规定了电动汽车用非车载传导式充电机（以下简称充电机）的术语和定义、基本构成、分类、功能要求、技术要求，以及标志、包装、运输及贮存。

本标准适用于采用传导式充电方式的电动汽车用非车载充电机，其供电电源额定电压最大值为 1000V AC 或 1500V DC，额定输出电压最大值为 1500V DC。

2 规范性引用文件

下列文件对于本文件的应用是必不可少的。凡是注日期的引用标准，仅注日期的版本适用于本文件。凡是不注日期的引用标准，其最新版本（包括所有的修改单）适用于本文件。

GB/T 2423.1—2008　电工电子产品环境试验　第 2 部分：试验方法　试验 A：低温

GB/T 2423.2—2008　电工电子产品环境试验　第 2 部分：试验方法　试验 B：高温

GB/T 2423.4—2008　电工电子产品环境试验　第 2 部分：试验方法　试验 Db：交变湿热（12h+12h 循环）

GB/T 2423.16—2008　电工电子产品环境试验　第 2 部分：试验方法　试验 J 及导则：长霉

GB/T 2423.17—2008　电工电子产品环境试验　第 2 部分：试验方法　试验 Ka：盐雾

GB/T 2423.55—2006　电工电子产品环境试验　第 2 部分：试验方法　试验 Eh：锤击试验

GB/T 4208　外壳防护等级（IP 代码）

GB/T 4797.5　电工电子产品环境条件分类　自然环境条件　降水和风

GB/T 13384　机电产品包装通用技术条件

GB/T 18487.1—2015　电动汽车传导充电系统　第 1 部分：通用要求

GB/T 18487.2—2017　电动汽车传导充电系统　第 2 部分：非车载传导供电设备电磁兼容要求

GB/T 19596—2017　电动汽车术语

GB/T 20234.1—2015　电动汽车传导充电用连接装置　第 1 部分：通用要求

GB/T 20234.3—2015　电动汽车传导充电用连接装置　第 3 部分：直流充电接口

GB/T 27930　电动汽车非车载传导式充电机与电池管理系统之间的通信协议

GB/T 29317　电动汽车充换电设施术语

GB/T 29318　电动汽车非车载充电机电能计量

3　术语和定义

GB/T 18487.1—2015、GB/T 19596—2017、GB/T 29317 界定的以及下列术语和定义适用于本文件。

3.1

传导式充电　conductive charge

利用电传导给蓄电池进行充电的方式。

3.2

非车载充电机　off-board charger

固定连接至交流或直流电源，并将其电能转化为直流电能，采用传导方式为电动汽车动力蓄电池充电的专用装置。

3.3

充电终端　charging terminal

电动汽车充电时，充电操作人员需要面对和操作的、非车载传导式充电机的一个组成部分，一般由充电电缆、车辆插头和人机交互界面组成，也可包含有计量、通信、控制等部件。

3.4

分体式充电机 split type charger

将功率变换单元与充电终端在结构上分开，二者间通过电缆连接的充电机。

3.5

一体式充电机 integral charger

将功率变换单元、充电终端等组成部分放置于一个柜（箱）内，在结构上合成一体的充电机。

3.6

动态功率分配 dynamic power allocation

充电机根据车辆充电需求、自身负荷状态和上级监控调控指令，按预定的功率分配控制策略，动态调整各车辆插头的最大输出功率。

3.7

一机一充 single interface charger

一台充电机只有一个车辆插头，同一时刻只能给一辆电动汽车充电。

3.8

一机多充 multiple interface charger

一台充电机具备多个车辆插头，可以对多辆电动汽车进行同时或排序充电，多个车辆插头之间可具备动态功率分配功能。

3.9

自动充电 automatic charging

在充电过程中，充电机依据电动汽车 BMS 或车辆控制器提供的数据，动态调整充电参数，执行相应操作，完成充电过程。

3.10

直流输出回路 DC output circuit

充电机对电动汽车充电时，充电电流所流经的电路。包括与充电机的直流输出相连接的开关器件及功能部件，以及充电电缆、车辆插头、车辆插座，以及车辆内部位于车辆插座与直流接触器之间的组成部分。

3.11

预充电　precharge

充电机对电动汽车充电启动过程中，在车辆侧直流接触器闭合后、充电机侧直流接触器闭合前，充电机将输出电压上升到车辆电池端电压减 1V～10V 的过程。

3.12

限压整定值　setting value of voltage-limiting

充电机稳压工作时设定的输出电压。

3.13

限流整定值　setting value of current-limiting

充电机限流工作时设定的输出电流。

3.14

待机模式　standby mode

当无车辆充电和人员操作时，充电机仅保留后台通信、状态指示灯等基本功能的状态。

3.15

待机功耗　standby power

充电机处于待机模式时的输入功率，称为待机功耗。

3.16

额定输出电压　rated output voltage

在本标准中为充电机在正常工作时的输出电压最大值。

3.17

额定输出电流　rated output current

在本标准中为充电机在额定输出电压时的输出电流最大值。

3.18

最大输出电流　maximum output current

在本标准中为充电机在额定输出功率时的输出电流最大值。

3.19

额定输出功率   rated output power

在本标准中为充电机额定输出电压与额定输出电流的乘积。

3.20

电压纹波因数   DC voltage ripple factor

脉动直流电压的峰值与谷值之差的一半，对该直流电压平均值之比。

3.21

恒功率   constant power

充电机输出功率维持在恒定值的状态。

4 基本构成

充电机的基本构成包括动力电源输入、功率变换单元、输出开关单元、充电电缆和车辆插头，以及控制电源、充电控制单元、人机交互单元，也可包括计量等功能单元。充电机构成原理框图见图1。

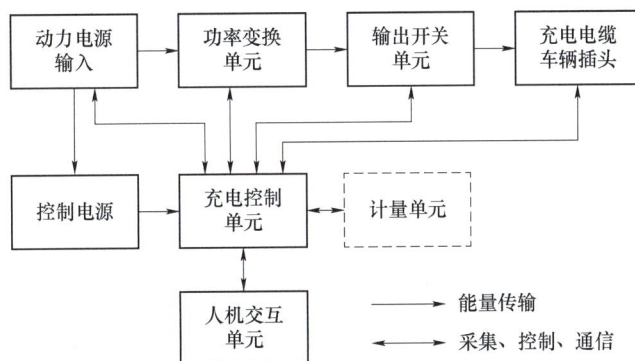

图1 充电机构成原理框图

注：图1中实线框内为充电机基本构成单元，虚线框内为可选构成单元。

5 充电机分类

5.1 按使用环境条件

5.1.1 正常使用环境

充电机按照正常使用环境分类：

a） 室内使用充电机；

b） 室外使用充电机。

5.1.2　特殊使用环境

可根据 GB/T 18487.1—2015 中 14.2 规定的特殊使用条件分类。

5.2　按安装使用场所

充电机按照安装使用场所分类：

a） 非工业环境使用充电机；

b） 工业环境使用充电机。

5.3　按使用对象

充电机按照使用对象分类：

a） 公用型充电机：对普通公众开放，使用运营商的支付方式进行充电。

b） 专用型充电机：只对特定车主或车辆提供充电服务，不对普通公众开放。

5.4　按充电机输入特性

充电机根据与其连接的供电系统分类：

a） 交流电网（电源）供电充电机；

b） 直流电网（电源）供电充电机。

5.5　按安装方式

充电机按照安装方式分类：

a） 落地式充电机，见图 2；

b） 壁挂式充电机，见图 3。

5.6　按结构形式

充电机按照结构形式分类：

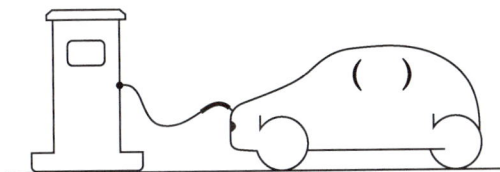

图 2　落地式安装

图 3　壁挂式安装

a）　分体式充电机，见图 4；

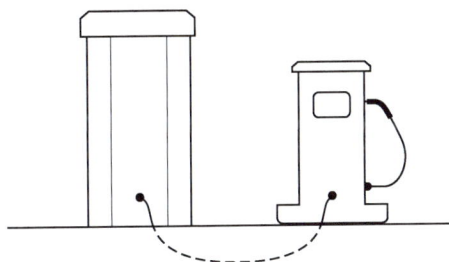

图 4　分体式充电机

b）　一体式充电机，见图 5。

图 5　一体式充电机

5.7　按车辆插头数量

充电机按照车辆插头数量分类：

a）　一机一充式充电机，见图 6；

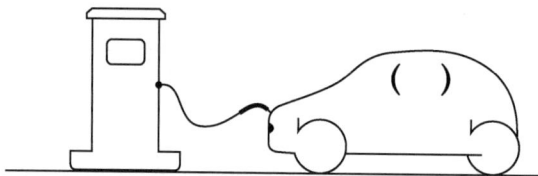

图6 一机一充式充电机

注：图中以落地、一体式为例。

b） 一机多充式充电机，见图7。

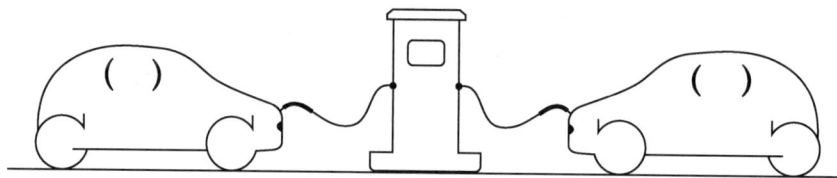

图7 一机多充式充电机

注：图中以落地、一体式、两个车辆插头为例。

6 功能要求

6.1 充电控制功能

充电机应具备自动充电控制功能，可具备手动充电控制功能。充电机采用手动充电控制时，应具有明显的操作提示信息，仅限于专业人员在特殊情况下对充电机设备进行调试或维护时使用。

6.2 通信功能

充电机应具有与电动汽车 BMS 或车辆控制器通信的功能，判断充电机是否与电动汽车动力蓄电池系统正确连接；获得电动汽车 BMS 或车辆控制器充电参数和充电实时数据。充电机与 BMS 或车辆控制器之间的通信协议应符合 GB/T 27930 的规定。

充电机宜具有与上级监控系统或运营管理系统通信的功能。

6.3 绝缘检测功能

充电机应具备对直流输出回路进行绝缘检测的功能，并且充电机的绝缘检测功能应与车辆绝缘检测功能相配合。充电机的绝缘检测功能应符合 GB/T 18487.1—2015 中 B.4.1 和 B.4.2 的规定。充电机在进行绝缘检测前应检测直流输出接触器（K1、K2）的外侧电压，当此电压超过±10V 时应停止绝缘检测流程并发出告警信息。

6.4 直流输出回路短路检测功能

充电机应具备对直流输出回路进行短路检测的功能，充电机的短路检测在绝缘检测阶段进行，当直流输出回路出现短路故障时，应停止充电过程并发出告警信息。

6.5 车辆插头锁止功能

充电机车辆插头应具备锁止装置，其功能应符合：

a) GB/T 18487.1—2015 中 9.6 的要求；

b) GB/T 20234.1—2015 中 6.3 的要求；

c) GB/T 20234.3—2015 中附录 A 的要求。

在出现下列情况时，锁止装置应能解锁且解锁前车辆插头端口电压不应超过 60V：

a) 故障不能继续充电；

b) 充电完成。

6.6 预充电功能

充电机应具备预充电功能。启动充电阶段，电动汽车闭合车辆侧直流接触器后，充电机应检测电池电压并判断此电压是否正常。当充电机检测到电池电压正常后，将输出电压调整到当前电池端电压减去 1V～10V，再闭合充电机侧的直流输出接触器。

6.7 人机交互功能

6.7.1 显示功能

充电机应显示下列状态信息：

a） 充电机的运行状态指示：待机、充电、告警；

b） 具有手动充电控制功能的充电机应显示人工输入信息。

充电机宜显示下列信息：

a） 电池当前荷电状态（state of charge，SOC）、充电电压、充电电流、充电功率；

b） 已充电时间、已充电电量、已充电金额。

6.7.2 输入功能

充电机宜具有手动输入和控制的功能。

6.8 计量功能

公用型充电机应具有对充电电能量进行计量的功能，计量功能应符合 GB/T 29318 的规定。

6.9 急停功能

充电机应安装急停装置。当启动急停装置时，一体式充电机应同时切断动力电源输入和直流输出；分体式充电机应切断相应充电终端的直流输出，也可同时切断充电机的动力电源输入。

6.10 保护功能

6.10.1 充电机应具备电源输入侧的过电压保护、欠电压保护。

6.10.2 充电机应具备输出过电压保护。

6.10.3 充电机应能够提供车辆侧供电回路及电缆的短路电流保护，短路保护设备的 I^2t 值不应超过 500 000A^{2}s。

6.10.4 充电机应具备过温保护，当内部温度达到保护阈值时，采取降功率或停止输出。

6.10.5 充电机应具备开门保护，当充电机门打开造成带电部分露出时，一体式充电机应同时切断动力电源输入和直流输出；分体式充电机应切断相应部分的电源输入或输出。

6.10.6 充电过程中当发生下列情况时，充电机应能在 100ms 内断开直流输出：

a) 充电机启动急停装置；

b) 充电机与电动汽车间的保护接地线断开；

c) 充电机与电动汽车间的连接检测信号线断开。

6.10.7 充电机应具备限制输入电流过冲的能力，开机或启动充电时产生的输入电流过冲不应大于额定输入电流峰值的 10%。

6.10.8 充电机直流输出接触器接通时发生的车辆到充电设备或充电设备到车辆的冲击电流（峰值）应控制在 20A 以下。

6.10.9 在启动充电阶段车辆侧接触器闭合后，充电机应对车辆电池电压进行检测，当出现下列情况时，充电机应停止启动过程，并发出告警信息：

a) 蓄电池反接；

b) 检测电压与通信报文电池电压之差的绝对值大于通信报文电池电压的 5%；

c) 检测电压小于充电机的最低输出电压或大于充电机的额定输出电压。

6.10.10 充电机应具备对电动汽车动力蓄电池二重保护功能，在充电过程中，当检测到输出电压大于车辆最高允许充电总电压，或检测到输出电流大于车辆当前需求电流，充电机应在 1s 内断开直流输出，并发出告警信息。

注：充电机检测的输出电压或输出电流应考虑稳压精度或稳流精度范围加测量误差。

6.10.11 充电机应具备防逆流功能（如输出加二极管等），防止蓄电池电流倒灌。

6.10.12 充电机应在启动充电前进行供电回路直流接触器触点粘连检测，也可以在直流接触器断开后进行触点粘连检测。当检测到任何一个直流接触器的主触点出现粘连情况时，充电机不应启动充电，并发出告警信息。

6.10.13 充电机在充电过程中，当检测到与电动汽车电池管理系统（battery management system，BMS）或车辆控制器发生通信中断时，充电机应停止充电，并发出告警信息。

6.10.14 充电机应在充电握手阶段判断电池管理系统 BHM 报文中的最高允

许充电总电压值，当检测到该值小于充电机最低输出电压时，应停止绝缘监测进程，并发出告警信息。

6.10.15 充电机应在充电阶段实时判断电池管理系统 BCL 报文中的电压需求和电流需求值，当检测到该值大于车辆最高允许充电总电压或最高允许充电电流时，充电机应停止充电，并发出告警信息。

6.10.16 充电机的雷电防护应符合 GB/T 18487.1—2015 中 11.7 的规定。

7 技术要求

7.1 环境条件

7.1.1 环境温度：−20℃～50℃（室外使用），−5℃～50℃（室内使用）。

7.1.2 相对湿度：5%～95%。

7.1.3 污染等级：3（室外使用），2（室内使用），3（室内暴露于污染的工业环境）。

7.1.4 海拔：≤2000m。

7.1.5 周围环境：使用地点不得有爆炸危险介质，周围介质不含有腐蚀金属和破坏绝缘的有害气体及导电介质。

7.1.6 充电机在特殊环境下使用时，运营商和厂家应协商一致。

注：特殊使用条件包括 GB/T 18487.1—2015 中 14.2 的相关规定。

7.2 电源要求

7.2.1 电源电压和电流

充电机输入电压和电流要求应符合表 1 的规定，输入电压允许波动范围为额定电压±15%。

表 1　输入电压和电流要求

交流供电充电机输入方式	输入电流额定值 I_n A	输入电压额定值 V
1	$I_n \leqslant 32$	单相/三相 220/380

表 1（续）

交流供电充电机输入方式	输入电流额定值 I_n A	输入电压额定值 V
2	$I_n > 32$	三相 380
注：直流供电充电机输入要求，正在考虑中。		

7.2.2 电源频率

交流输入电源频率为 50Hz±1Hz。

7.3 环境适应要求

7.3.1 防护等级

充电机外壳防护等级不应低于 GB/T 4208 中下列的规定：

a） IP54（室外使用）；

b） IP32（室内使用）；

c） IP54（室内暴露于污染的工业环境）。

7.3.2 三防（防潮湿、防霉变、防盐雾）保护

充电机内印刷线路板、接插件等部件应进行防潮湿、防霉变、防盐雾处理。其中防霉变腐蚀试验参考 GB/T 2423.16—2008 中的试验方法 1，长霉程度等级不低于标准中要求的 2a；其中防盐雾腐蚀试验参考 GB/T 2423.17—2008 中第 6 章规定的试验方法，试验时间 48h，试验后在 15℃～40℃流水中用柔软的刷子清洗 7min，干燥 1h，产品应无赤/青锈、没有出现涂装掉落现象、涂装无鼓起。

7.3.3 防锈（防氧化）保护

充电机铁质外壳和暴露的铁质支架、零件应采用双层防锈措施，非铁质的金属外壳也应具有防氧化保护膜或进行防氧化处理。

7.3.4 防风保护

户外型充电机应能承受 GB/T 4797.5 规定的不同地区最大风速的侵袭。

7.3.5 防盗保护

户外型充电机应具有防盗措施。

7.4 内部温升要求

动力电源输入电流所流经的回路，如接线端子、输入断路器、输入接触器等；功率变换单元及其内部元器件、输入输出端子；直流输出电流所流经的回路，如接线端子、直流熔断器、直流接触器、功率电阻、电流采样分流器、车辆插头等。这些发热元器件及部件的最高温度小于等于元器件及部件最大耐受温度的 90%，且不应影响周围元器件的正常工作和无元器件损坏。

在正常试验条件下，输入为额定值，充电机在最大输出电流下长期运行，内部各发热元器件及各部位连接端子处的温升不应大于表 2 的规定。

表 2 充电机内部温升

内部测试点	极限温升 K
动力电源输入端子	50
输入断路器、接触器接线端子	50
塑料绝缘线	25
充电模块输入输出连接端子	50
功率电阻	25（距外表 30mm 处空间）
电流采样分流器端子连接处	70
熔断器端子连接处	70
直流接触器外壳与极柱	50
直流输出接线端子	50

7.5 安全要求

7.5.1 允许温度

充电机的表面温度应符合 GB/T 18487.1—2015 中 11.6.3 的规定。

7.5.2 电击防护

充电机的电击防护应符合 GB/T 18487.1—2015 中第 7 章的规定。

7.5.3 电气间隙和爬电距离

充电机的电气间隙和爬电距离应符合 GB/T 18487.1—2015 中 10.4 的规定。

7.5.4 接地要求

充电机的接地应符合下列要求：

a) 充电机金属壳体应设置接地端子（螺栓），其直径不应小于 6mm，并应有接地标志；

b) 充电机金属材质的门板、盖板、覆板和类似部件，应采用铜质保护导体将这些部件和充电机的结构主体框架连接，且保护导体的截面积不应小于 $2.5mm^2$；

c) 所有作为隔离带电导体的金属外壳、隔板，电气装置的金属外壳以及金属手柄等，均应有效等电位连接，且接地连续性电阻不应大于 0.1Ω；

d) 充电机内的工作接地与保护接地应单独连接到接地导体（铜排）上，不应在一个接地线中串接多个需要接地的电气装置。

7.5.5 电气隔离要求

充电机的动力电源输入和直流输出之间应采取电气隔离防护措施；对于一机多充式充电机，各直流输出接口之间也应采取电气隔离防护措施。

7.6 电气绝缘性能

7.6.1 绝缘电阻

用开路电压为表 3 规定的直流电压等级的测试仪器，测量充电机非电气连接的各带电回路之间、各独立带电回路与地（金属外壳）之间绝缘电阻不应小于10MΩ。

7.6.2 介电强度

充电机非电气连接的各带电回路之间、各独立带电回路与地（金属外壳）之间，按其工作电压应能承受表3所规定历时1min的工频交流电压（也可采用直流电压，试验电压为交流电压有效值的1.4倍）。试验过程中，试验部位不应出现绝缘击穿和闪络现象。

7.6.3 冲击耐压

充电机非电气连接的各带电回路之间、各独立带电回路与地（金属外壳）之间，按其工作电压应能承受表3所规定的标准雷电波短时冲击电压试验。试验过程中，试验部位不应出现击穿放电。

表3 绝缘试验的试验等级

额定绝缘电压 U_i V	绝缘电阻测试仪器的电压等级 V	介电强度试验电压 V	冲击耐压试验电压 kV
$U_i \leq 60$	250	1000（1400）	1
$60 < U_i \leq 300$	500	2000（2800）	±2.5
$300 < U_i \leq 700$	1000	2400（3360）	±6
$700 < U_i \leq 950$	1000	$2 \times U_i + 1000$ （$2.8 \times U_i + 1400$）	±6
注1：括号内数据为直流介电强度试验值。 注2：出厂试验时，介电强度试验允许试验电压高于表中规定值的10%，试验时间1s。			

7.7 输出要求

7.7.1 输出电压和电流

输出电压和电流符合下列要求：

a） 输出电压范围优选值：200V～500V，350V～700V，500V～950V，200V～750V，200V～950V；

b） 额定输出电流优选值：60A，80A，100A，125A，160A，200A，250A，320A，400A，500A。

7.7.2 恒功率输出

充电机可具备恒功率输出特性，恒功率值的大小和恒功率输出电压范围由运营商和厂家协商一致。

7.7.3 低压辅助电源

公用型充电机应能为电动汽车提供低压辅助电源。低压辅助电源应具备输出过电压、过电流、短路保护功能。

    a） 辅助电源电压：12V±0.6V；

    b） 辅助电源额定电流：10A。

7.7.4 稳流精度

当输入电源电压在额定值±15%范围内变化、输出直流电压在 7.7.1 a）规定的相应调节范围内变化时，输出直流电流在额定值的 20%～最大输出电流值范围内任一数值上，充电机输出电流稳流精度不应超过±1%。

> 注：对于不具备恒功率输出特性的充电机，其最大输出电流值等于额定输出电流值，下同。

7.7.5 稳压精度

当输入电源电压在额定值±15%范围内变化、输出直流电流在 0～最大输出电流值范围内变化时，输出直流电压在 7.7.1 a）规定的相应调节范围内任一数值上，充电机输出电压稳压精度不应超过±0.5%。

7.7.6 电压纹波因数

当输入电源电压在额定值±15%范围内变化、输出直流电流在 0～最大输出电流值范围内变化时，输出直流电压在 7.7.1 a）规定的相应调节范围内任一数值上，充电机输出电压纹波峰值因数不应大于 1%。

7.7.7 电流纹波

在恒流状态下，当输入电源电压为额定值，输出直流电压在 7.7.1 a）规定的相应调节范围内变化时，输出直流电流设定为最大输出电流值，充电机输出电流纹波峰峰值不应大于表 4 的规定。

表 4 充电机输出电流纹波峰峰值要求

电流纹波峰峰值 A	电流纹波频率 f Hz
1.5	$f \leqslant 10$
6	$f \leqslant 5000$
9	$f \leqslant 150\ 000$

7.7.8 输出电流设定误差

在恒流状态下，输出直流电流设定在额定值的 20%～最大输出电流值范围内，在设定的输出直流电流大于等于 30A 时，输出电流误差不应超过±1%；在设定的输出直流电流小于 30A 时，输出电流误差不应超过±0.3A。

7.7.9 输出电压设定误差

在恒压状态下，输出直流电压设定在 7.7.1 a）规定的相应调节范围内，充电机输出电压误差不应超过±0.5%。

7.7.10 限压、限流特性

限压、限流符合下列要求：

a） 充电机在恒流状态下运行时，当输出直流电压超过限压整定值时，应能自动限制其输出电压的增加，转换为恒压充电状态；

b） 充电机在恒压状态下运行时，当输出直流电流超过限流整定值时，应能立即进入限流充电状态，自动限制其输出电流的增加。

7.7.11 输出响应要求

7.7.11.1 输出电流响应时间

在充电状态下，充电机应能快速响应电池管理系统的电流下降请求，响应时间不应低于表 5 的要求。

表 5　输出电流控制要求

电流变化值 ΔI A	响应时间 s
≤ 20	1
> 20	$\Delta I/20$

7.7.11.2　输出电流停止速率

在充电状态下，当充电机达到正常充电结束条件或收到电池管理系统中止充电报文时，应能快速停止充电，输出电流的停止速率不应小于 100A/s。

7.7.12　启动输出过冲

充电机应具备软启动功能，稳压工作开机启动过程中，输出电压过冲不应大于当前整定值的 5%；稳流工作开机启动过程中，在设定的输出直流电流大于等于 30A 时，输出电流过冲不应大于当前整定值的 5%；在设定的输出直流电流小于 30A 时，输出电流过冲不应大于 1.5A。

当充电机从暂停状态恢复充电状态时，应同样满足上述要求。

7.8　电容耦合

充电机直流输出正、负极与地之间的电容耦合由 Y 电容器和寄生电容产生，用于实现电磁兼容。为防止人员触电危险，对于额定输出电压不大于 500V 的充电机，其每个充电接口直流输出正、负极与地之间的总电容均不应大于 0.4μF；对于额定输出电压大于 500V 的充电机，应满足下述条件之一：

a）充电机与电动汽车动力蓄电池连接在一起的直流正、负极与地之间的总电容在其最大工作电压时所存储的能量均不应大于 0.2J；

b）充电机直流输出回路采用双重绝缘或加强绝缘措施。

7.9　待机功耗

在额定输入电压下，充电机的待机功耗不应大于 $N \times 50W$。

注：N 表示充电接口数量。

7.10　输出电压、电流测量误差

充电机输出电压测量误差不应超过±5V，输出电流测量误差不应超过±（1.5%×实际输出电流+1）A，测量值更新时间不大于 1s。

7.11　充电机效率、输入功率因数

在额定输入电压下，充电机效率、输入功率因数应符合表 6 的要求。

表 6　充电机效率、输入功率因数

实际输出功率 P_o/额定输出功率 P_n	效率	输入功率因数
$20\% \leqslant P_o/P_n \leqslant 50\%$	≥88%	≥0.95
$50\% < P_o/P_n \leqslant 100\%$	≥93%	≥0.98
注 1：输入功率因数要求仅适用于交流供电充电机。		
注 2：具备恒功率输出特性的充电机，效率测试点应至少涵盖充电机每个恒功率段的输出电压最大值、中间值、最小值三点。		

7.12　充电模式和连接方式

充电机应采用 GB/T 20234.1—2015 附录 A 中规定的充电模式 4 对电动汽车进行充电。车辆插头应符合 GB/T 20234.1—2015 和 GB/T 20234.3—2015 的规定。

7.13　控制导引电路

充电机的控制导引电路应符合 GB/T 18487.1—2015 中 B.1 和 B.2 的规定。

7.14　充电控制时序与流程

充电机与电动汽车充电控制时序与流程，应符合 GB/T 18487.1—2015 中 B.3、B.4、B.5、B.6 的规定。

7.15　机械强度

按 GB/T 2423.55—2006 规定的方法进行试验，剧烈冲击能量为 20J（5kg，在 0.4m）。试验结束后性能不应降低，充电机的 IP 防护等级不受影

响，门的操作和锁止点不受损坏，不会因变形而使带电部分和外壳相接触。

7.16 噪声

正常试验条件下，交流输入为额定值，充电机在额定输出功率下且内部温度稳定后，在周围环境噪声不大于 40dB 的条件下，距离充电机水平位置 1m 处，测得噪声最大值应符合表 7 的要求。

表 7 噪 声 级 别 要 求

噪声等级	噪声最大值 dB
Ⅰ级	≤55
Ⅱ级	55～80
Ⅲ级	>80

根据不同的安装场所，充电机在使用时的噪声应符合相关法律法规的要求。如实测值大于相关法律法规的要求，充电机在安装时应加装额外的降低噪声的设备以满足使用要求。

7.17 机械开关设备特性

7.17.1 开关和隔离开关

充电机的开关和隔离开关应符合 GB/T 18487.1—2015 中 10.2.1 的规定。

7.17.2 接触器

充电机的接触器应符合 GB/T 18487.1—2015 中 10.2.2 的规定。

7.17.3 断路器

充电机的断路器应符合 GB/T 18487.1—2015 中 10.2.3 的规定。

7.17.4 继电器

充电机的继电器应符合 GB/T 18487.1—2015 中 10.2.4 的规定。

7.18 电缆管理及贮存要求

充电机的电缆管理及贮存方式应符合 GB/T 18487.1—2015 中 10.6 的规定。

7.19 高低温和湿热性能

7.19.1 低温性能

按 GB/T 2423.1—2008 中试验 Ad 规定的方法执行，试验温度为 7.1.1 规定的下限值，待达到试验温度 2h 后开机，充电机应能正常启动。试验温度持续工作 2h 后，测试充电机的稳流精度应符合 7.7.4 的规定。试验前、试验期间、试验后，充电机应能正常工作。

> 注：正常工作是指充电机的充电、通信、显示及各项保护功能都应正常，不允许有功能丧失，下同。

7.19.2 高温性能

按 GB/T 2423.2—2008 中试验 Bd 规定的方法执行，试验温度为 7.1.1 规定的上限值，待达到试验温度后启动充电机，充电机应能正常工作。试验温度持续 2h 后，测试充电机的稳流精度应符合 7.7.4 的规定。试验前、试验期间、试验后，充电机应能正常工作。

7.19.3 交变湿热性能

按 GB/T 2423.4—2008 中试验 Db 规定的方法执行，试验的高温温度为（40±2）℃，循环次数为 2 次，在试验结束前 2h 进行介电强度试验和测试绝缘电阻，其中绝缘电阻不应小于 $1M\Omega$，介电强度按表 3 规定值的 75% 施加测试电压。试验结束后，恢复至正常大气条件，通电后检查充电机应能正常工作。

7.20 电磁兼容要求

7.20.1 概述

设备制造商应按照 GB/T 18487.2—2017 中 6.3 的规定，说明充电机的安装使用场所。当设备制造商未规定充电机的预期使用的环境时，应实施最严格的发射和抗扰度试验，即采用最低的发射限值和最高的抗扰度试验等级。

7.20.2　充电机试验配置

充电机的试验配置应符合 GB/T 18487.2—2017 中第 4 章的规定。

7.20.3　充电机试验负载条件

充电机的试验负载条件应符合 GB/T 18487.2—2017 中第 5 章的规定。

7.20.4　测试过程中的操作条件

充电机测试过程中的操作条件应符合 GB/T 18487.2—2017 中第 6 章的规定。

7.20.5　抗扰度要求

充电机抗扰度试验要求、性能判据应符合 GB/T 18487.2—2017 中第 7 章的规定。

7.20.6　发射要求

7.20.6.1　输入电压波动和闪烁

充电机产生的电压波动和闪烁发射要求应符合 GB/T 18487.2—2017 中 8.2.3 的规定。

7.20.6.2　输入谐波电流要求

交流供电充电机产生的谐波电流要求应符合 GB/T 18487.2—2017 中 8.2.2 的规定。

7.20.6.3　射频骚扰的限值和试验条件

充电机射频骚扰的限值和试验条件，应符合 GB/T 18487.2—2017 中 8.3

的规定。

8 标志、包装、运输及贮存

8.1 标志

8.1.1 充电机应具有铭牌，并安装在明显位置，铭牌上应标明下列内容：

    a）生产厂家；

    b）产品型号；

    c）设备编号或序列号或生产批次号；

    d）生产日期；

    e）额定输入电压（交流或直流）；

    f）额定输出功率（kW）；

    g）输出电压范围（V）；

    h）最大输出电流（A）；

    i）室内使用或室外使用（外壳防护等级 IP 代码）。

    注：如有多路充电接口输出时，应标明每路额定输出功率和最大输出电流。

8.1.2 充电机上各种开关、指示灯、接线端子等应有相应的文字符号标志，并与接线图上的文字符号一致。相应位置上应具有接线、接地及安全标志，要求字迹清晰易辨、不褪色、不脱落、布置均匀、便于观察。

8.2 包装

8.2.1 充电机的包装应符合 GB/T 13384 的规定，并应具有下列内容：

    a）产品名称；

    b）小心轻放；

    c）防雨；

    d）总质量；

    e）禁止倒置。

8.2.2 充电机装箱资料应包含有：

    a）装箱清单；

b） 出厂试验报告；

c） 合格证；

d） 安装使用说明书；

e） 随机附件及备件清单。

8.3 运输

充电机在运输过程中，不应有剧烈振动冲击、暴晒雨淋、倾倒放置等。

8.4 贮存

充电机应贮存在空气流通、温度处于-25℃～55℃、月平均相对湿度不大于90%、无腐蚀性和爆炸性气体的仓库内，在贮存期间不应淋雨、暴晒、凝露和霜冻。

NB/T 33002—2018
《电动汽车交流充电桩技术条件》

目　次

前　言

本标准代替 NB/T 33002—2010《电动汽车交流充电桩技术条件》。与 NB/T 33002—2010 相比，除编辑性修改外主要技术变化如下：

——删除了原标准中"4　总则"一章。

——新增"5　充电桩分类"一章，从不同角度对充电桩进行分类。

——对原标准"8　检验和试验项目"进行了修改，新增"到货验收"，并删除了与试验项目和试验方法相关的内容，此部分内容放到 NB/T 33008.2 中。

——"3　术语和定义"做了修改，增加了"省电模式""待机模式"和"待机功耗"3 个术语。

——"4　基本构成"做了修改，并增加了基本构成框图。

——"6　功能要求"，对原标准中的"人机交互功能""计量功能""外部通信"进行了修改，删除了原标准中的"软件升级"；将"输入功能"改到"人机交互功能"下，并进行了修改；增加了"充电控制导引""充电连接装置""电子锁止装置""急停功能""连接方式"。

——"7　技术要求"，对原标准中的"环境条件""电源要求""耐环境要求""电气绝缘性能""电磁兼容"进行了修改，增加了"温升要求""防护要求""保护功能要求""控制导引电路要求""充电控制时序及流程""待机功耗""机械强度""振动""噪声""机械开关特性要求""高低温和湿热性能"。

——"8　标志、包装、运输及储存"对应原标准"9　标识"。

请注意本文件的某些内容可能涉及专利。本文件的发布机构不承担识别这些专利的责任。

本部分由中国电力企业联合会提出。

本部分由能源行业电动汽车充电设施标准化技术委员会（NEA/TC 3）归口。

本标准主要起草单位：深圳奥特迅电力设备股份有限公司、中国电力企业联合会。

本标准参加起草单位：国电南瑞科技股份有限公司、许继电源有限公司、广东电网有限责任公司电力科学研究院、国网电力科学研究院有限公司、许昌开普检测研究院股份有限公司、中国电器科学研究院、普天新能源有限责任公司、上海良信电器股份有限公司、北京国网普瑞特高压输电技术有限公司、青岛特锐德电气股份有限公司、比亚迪汽车工业有限公司。

本标准主要起草人：李志刚、刘永东、赵翔、李彩生、赵伟、张萱、陈卓、蒙智强、白鸥、杨卫、沈昌国、周强、王洪军、万新航、吕晓荣、孟金岭、刘文珍、李赞、李振。

本部分所代替标准的历次版本发布情况为：

——NB/T 33002—2010。

本标准在执行过程中的意见或建议反馈至中国电力企业联合会标准化中心（北京市白广路二条一号，100761）。

电动汽车交流充电桩技术条件

1 范围

本标准规定了电动汽车交流充电桩（以下简称充电桩）的基本构成、分类、功能要求、技术要求、检验规则，以及标志、包装、运输及贮存。

本标准适用于电动汽车交流充电桩。

2 规范性引用文件

下列文件对于本文件的应用是必不可少的。凡是注日期的引用标准，仅注日期的版本适用于本文件。凡是不注日期的引用标准，其最新版本（包括所有的修改单）适用于本文件。

GB/T 191　包装储运图示标志

GB/T 2423.1—2008　电工电子产品环境试验　第 2 部分：试验方法　试验 A：低温

GB/T 2423.2—2008　电工电子产品环境试验　第 2 部分：试验方法　试验 B：高温

GB/T 2423.4—2008　电工电子产品环境试验　第 2 部分：试验方法　试验 Db：交变湿热（12h+12h 循环）

GB/T 2423.16—2008　电工电子产品环境试验　第 2 部分：试验方法　实验 J 及导则：长霉

GB/T 2423.55—2006　电工电子产品环境试验　第 2 部分：环境测试　试验 Eh：锤击试验

GB/T 4208　外壳防护等级（IP 代码）

GB/T 4797.6—2013　环境条件分类　自然环境条件　尘、沙、盐雾

GB/T 13384　机电产品包装通用技术条件

GB/T 16935.1　低压系统内设备的绝缘配合　第 1 部分：原理、要求和

试验

　　GB/T 18487.1—2015　电动汽车传导充电系统　第 1 部分：通用要求

　　GB/T 18487.2—2017　电动汽车传导充电系统　第 2 部分：非车载传导
供电设备电磁兼容要求

　　GB/T 20234.1　电动汽车传导充电用连接装置　第 1 部分：通用要求

　　GB/T 20234.2　电动汽车传导充电用连接装置　第 2 部分：交流充电接口

　　GB/T 28569　电动汽车交流充电桩电能计量

　　GB/T 29317—2012　电动汽车充换电设施术语

3　术语和定义

　　GB/T 18487.1—2015、GB/T 29317—2012 界定的以及下列术语和定义适
用于本文件。

3.1

传导式充电　conductive charging

利用电传导给蓄电池进行充电的方式。

3.2

车载充电机　on-board charger

固定安装在电动汽车上，将交流电能变换为直流电能，采用传导方式为
电动汽车动力蓄电池充电的专用装置。

3.3

交流充电桩　AC charging spot

采用传导方式为具有车载充电装置的电动汽车提供交流电源的专用供电
装置。

3.4

省电模式　power saving mode

当车辆已连接充电桩但未处于充电状态，充电桩为降低损耗而关闭部分
电路（如 PWM 输出信号）的状态。

在省电模式下车辆 S2 开关闭合将无法唤醒充电功能。

3.5

待机模式　standby mode

当无车辆充电和人员操作时，充电桩仅保留后台通信、状态指示等基本功能的状态。

3.6

待机功耗　standby power

充电桩处于待机模式时的交流输入有功功率。

4　基本构成

充电桩的基本构成包括桩体和交流充电连接装置。桩体包含但不限于主电源回路、控制单元、人机交互单元，计量计费单元（可选）等，相互之间的逻辑关系参见图1。

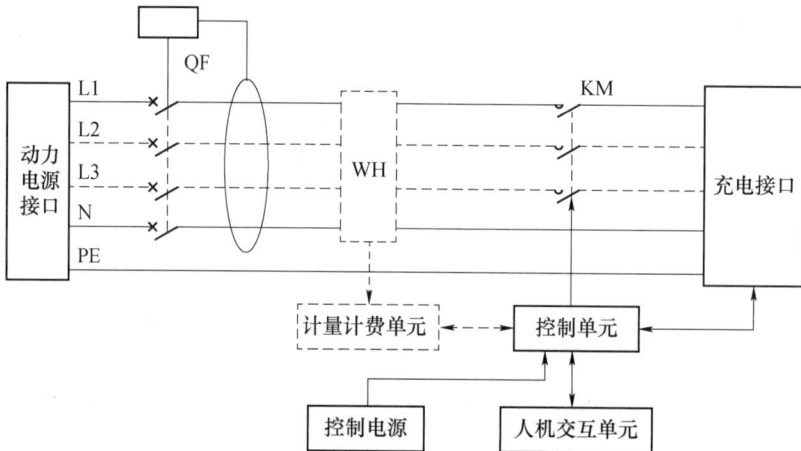

注：

QF——具备漏电保护功能的空气断路器，或同类装置；

WH——交流电能表；

KM——控制交流充电桩输出的接触器或同类装置。

图1　充电桩基本构成框图

5　充电桩分类

5.1　按使用环境条件

5.1.1　正常使用环境

——户内型充电桩；

——户外型充电桩。

5.1.2 特殊使用环境

可根据 GB/T 18487.1—2015 中 14.2 规定的特殊使用条件进行分类。

5.2 按使用对象

充电桩按照使用对象进行分类：

——公用型充电桩：

    对普通公众开放，使用运营商的支付方式进行充电；

——专用型充电桩：

    只对特定车主提供充电服务，不对普通公众开放。

5.3 按安装方式

充电桩按照安装方式进行分类：

——落地式充电桩，见图 2；

——壁挂式充电桩，见图 3。

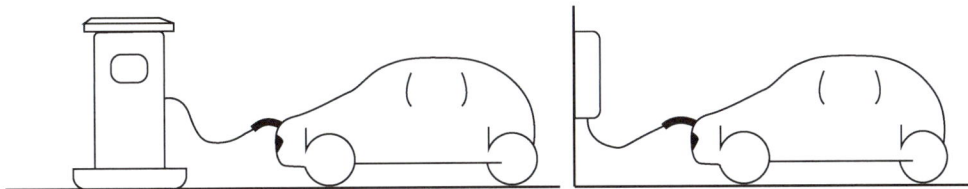

图 2　落地式充电桩　　　　　图 3　壁挂式充电桩

5.4 按充电接口数量

充电桩按照输出充电接口数量进行分类：

——一桩一充式充电桩，见图 4（以落地式为例）；

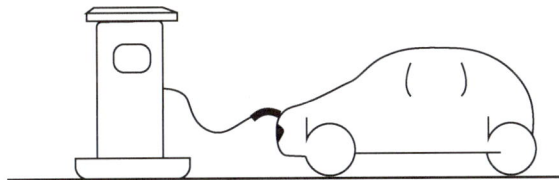

图 4　一桩一充式充电桩

——一桩多充式充电桩，见图 5（以落地式、双充电口为例）。

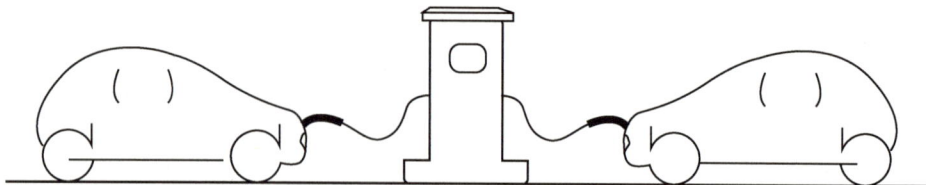

图 5　一桩多充式充电桩

5.5　按输出电压等级

充电桩按照输出电压等级进行分类：

——单相交流充电桩；

——三相交流充电桩。

6　功能要求

6.1　充电控制导引

充电桩应具备符合 GB/T 18487.1—2015 中附录 A 要求的充电控制导引功能。

6.2　通信功能

充电桩宜具备与上级监控管理系统通信的功能。

6.3　充电连接装置

充电桩的充电连接装置应符合 GB/T 20234.1 和 GB/T 20234.2 的规定。

6.4　电子锁止装置

采用 GB/T 18487.1—2015 中 3.1 规定的连接方式 A 或连接方式 B 的充电桩，当充电桩额定电流大于 16A 时，供电插座应安装电子锁止装置。当电子锁止装置未可靠锁止时，充电桩应停止充电或不启动充电。

6.5　人机交互功能

6.5.1　显示功能

充电桩应显示下列状态：

——充电桩的运行状态指示：待机、充电、故障。

充电桩宜显示下列信息：

——输出电压、输出电流；

——已充时间、已充电量、已充金额。

6.5.2　输入功能

充电桩宜具有实现手动输入和控制的功能。

6.6　计量功能

公用型充电桩应具有对充电电能量进行计量的功能，计量功能应符合 GB/T 28569 的要求。

6.7　急停功能

充电桩可安装急停装置。

6.8　连接方式

GB/T 18487.1—2015 中 3.1 规定的连接方式 A、连接方式 B、连接方式 C 均适用于充电桩。当充电桩额定电流大于 32A 时，应采用连接方式 C。

7　技术要求

7.1　环境条件

7.1.1　环境温度：−20℃～+50℃（户外型），−5℃～+50℃（户内型）。

7.1.2　相对湿度：5%～95%。

7.1.3 海拔：≤2000m。

7.1.4 周围环境：使用地点不得有爆炸危险介质，周围介质不含有腐蚀金属和破坏绝缘的有害气体及导电介质。

7.1.5 充电桩在特殊环境下使用时，购买方和厂家应协商一致。

7.2 电源要求

7.2.1 电源电压和电流

充电桩输入电压和电流要求见表1，输入电压允许波动范围为额定电压的±20%。

表1 充电桩输入电压/电流要求

电源输入方式	输入电流额定值 I_n A	输入电压额定值 V	连接方式
1	$I_n \leq 32$	单相/三相 220/380	A、B 或 C
2	$I_n > 32$	三相 380	C
注：连接方式定义见 GB/T 18487.1—2015 中 3.1 条。			

7.2.2 电源频率

交流输入电源频率为（50±1）Hz。

7.3 耐环境要求

7.3.1 防护等级

充电桩外壳防护等级不低于 GB/T 4208 中 IP32（户内型）或 IP54（户外型）。

注：不考虑连接过程中充电接口部分的防护等级。

7.3.2 三防（防潮湿、防霉变、防盐雾）保护

充电桩内印刷线路板、接插件等部件应进行防潮湿、防霉变、防盐雾处理。防盐雾腐蚀能力应能满足 GB/T 4797.6—2013 中图 7 的要求。

7.3.3 防锈（防氧化）保护

充电桩铁质外壳和暴露的铁质支架、零件应采用双重防锈措施，非铁质的金属外壳也应具有防氧化保护膜或进行防氧化处理。

7.3.4 防盗保护

充电桩应具有必要的防盗措施。

7.4 温升要求

正常实验条件下，交流输入为额定值，充电桩在额定输出功率下长期连续运行，内部各发热元器件及各部位的温升不应超过表2中的规定。并且发热元件的温度不应影响周围元器件的正常工作且无元器件损坏。

表 2 充电桩各部件极限温升

部件或器件	极限温升 K
熔断器外壳	70
母线连接处 铜—铜 铜搪锡—铜搪锡 铜镀银—铜镀银	50 60 80

7.5 防护要求

7.5.1 允许温度

充电桩的表面温度应满足 GB/T 18487.1—2015 中 11.6.3 要求。

7.5.2 电击防护

充电桩的电击防护应符合 GB/T 18487.1—2015 中第 7 章的要求。

7.5.3 电气间隙和爬电距离

充电桩的电气间隙和爬电距离应符合表 3 的规定。

表3　充电桩电气间隙和爬电距离

额定绝缘电压 U_i V	电气间隙 mm	爬电距离 mm
$U_i \leqslant 60$	3.0	3.0
$60 < U_i \leqslant 300$	5.0	6.0
$300 < U_i \leqslant 700$	8.0	10.0

注1：当主电路与控制电路或辅助电路的额定绝缘电压不一致时，其电气间隙和爬电距离可分别按其额定值选取。
注2：具有不同额定值主电路或控制电路导电部分之间的电气间隙与爬电距离，应按最高额定绝缘电压选取。
注3：小母线、汇流排或不同级的裸露的带电导体之间，以及裸露的带电导体与未经绝缘的不带电导体之间的电气间隙不小于12mm，爬电距离不小于20mm。
注4：印刷电路板的电气间隙和爬电距离参考GB/T 16935.1。

7.5.4　接地要求

充电桩的接地要求应能满足以下规定：

a）充电桩金属壳体应设置接地螺栓，其直径不得小于6mm，并应有接地标志；

b）所有作为隔离带电导体的金属材质的外壳、隔板、电气元件的金属外壳以及金属手柄等均应有效等电位联结，接地连续性电阻不应大于0.1Ω；

c）充电桩金属材质的门、盖板、覆板和类似部件，应采用保护导体将这些部件和充电桩接地端子连接，此保护导体的截面积不得小于2.5mm^2。

7.6　电气绝缘性能

7.6.1　绝缘电阻

充电桩非电气连接的各带电回路之间、各独立带电回路与地（金属外壳）之间绝缘电阻应不小于10MΩ。

7.6.2　介电强度

充电桩非电气连接的各带电回路之间、各独立带电回路与地（金属外壳）

之间，按其工作电压应能承受表 4 所规定历时 1min 的工频交流电压。试验过程中，试验部位不应出现绝缘击穿和闪络现象。

7.6.3 冲击耐压

充电桩各带电回路、各带电电路对地（金属外壳）之间，按其工作电压应能承受表 4 所规定标准雷电波的短时冲击电压试验。试验过程中，试验部位不应出现击穿放电。

表 4　绝缘试验的试验等级

额定绝缘电压 U_i V	绝缘电阻测试仪器的电压等级 V	介电强度试验电压 kV	冲击耐压试验电压 kV
≤60	250	1.0	±1.0
60＜U_i≤300	500	2.0	±2.5
300＜U_i≤700	1000	2.4	±6.0
注：出厂试验时，介电强度试验允许试验电压高于表中规定值的10%，试验时间1s。			

7.7 保护功能要求

7.7.1 充电桩应具备输出过载和短路保护功能，过载和短路保护应符合 GB/T 18487.1—2015 中 12 章的要求。

7.7.2 当充电桩额定电流大于 16A 且采用 GB/T 18487.1—2015 中 3.1 规定的连接方式 A 或连接方式 B 时，充电桩供电插座应设置温度监控装置，充电桩应具备温度监测和过温保护功能。

7.7.3 在充电过程中，当达到设置的结束条件，或操作人员对充电桩实施了停止充电指令，充电桩应控制开关 S1 切换到+12V，并在检测到 S2 开关断开后，在 100ms 内切断交流供电回路；超过 3s 仍未检测到 S2 断开时，则强制切断交流供电回路。如供电接口带有电子锁，应在交流回路切断100ms后解锁。

注：S1、S2 开关位置参见图 6。

7.7.4 具备急停功能的充电桩启动急停装置时，充电桩应在 100ms 内切断交流供电回路。

7.7.5 当充电桩与电动汽车之间的保护接地连续性丢失，充电桩应控制开关 S1 切换到+12V，并在 100ms 内切断交流供电回路。

7.7.6 当充电桩检测到检测点 1 电压幅值为 12V（状态 1）或其他非 6V（状态 3）、非 9V（状态 2）状态时，充电桩应控制开关 S1 切换到+12V，并在 100ms 内切断交流供电回路；

当检测到供电接口由完全连接变为断开 ［检测点 4 由完全连接变为断开（状态 A）］ 时，充电桩应控制开关 S1 切换到+12V 连接状态，并在 100ms 内断开交流供电回路；

当检测点 1 的电压幅值由 6V 变为 9V 时，充电桩应在 100ms 内切断交流供电回路，并持续输出 PWM 信号；当车辆再次闭合 S2 时，充电桩应再次接通交流供电回路。

7.7.7 当充电桩 PWM 信号对应的充电电流限值≤20A，且充电桩实际输出电流超过充电电流限值 2A 并保持 5s 时，或充电桩 PWM 信号对应的充电电流限值＞20A，且充电桩实际输出电流超过充电电流限值的 110%并保持 5s 时，充电桩应在 5s 内切断交流供电回路并控制 S1 切换到+12V。

注：S1、S2 开关位置参见图 6。

7.7.8 充电桩应具备交流接触器（或同类装置）粘连检测功能。当接触器触点粘连时，充电桩应发出告警提示，并不能启动充电。

7.7.9 在充电过程中，充电桩应具有明显的状态指示或文字提示，防止人员误操作。

7.7.10 充电桩的接触电流应满足 GB/T 18487.1—2015 中 11.2 要求。

7.7.11 充电桩应具备漏电保护功能。

7.8 控制导引电路要求

充电桩的控制导引电路应满足 GB/T 18487.1—2015 中附录 A 的要求。

当充电桩自身无故障且供电接口已完全连接（对充电模式 3 的连接方式 A 或 B），且充电桩已做好充电准备时，则开关 S1 从连接 12V+状态切换至 PWM 连接状态，供电控制装置发出 PWM 信号。供电控制装置通过测量检测点 1 的电压和检测点 4 来判断充电连接装置是否完全连接。具备省电模式的充电桩，进入省电模式的时间不宜低于 24h。

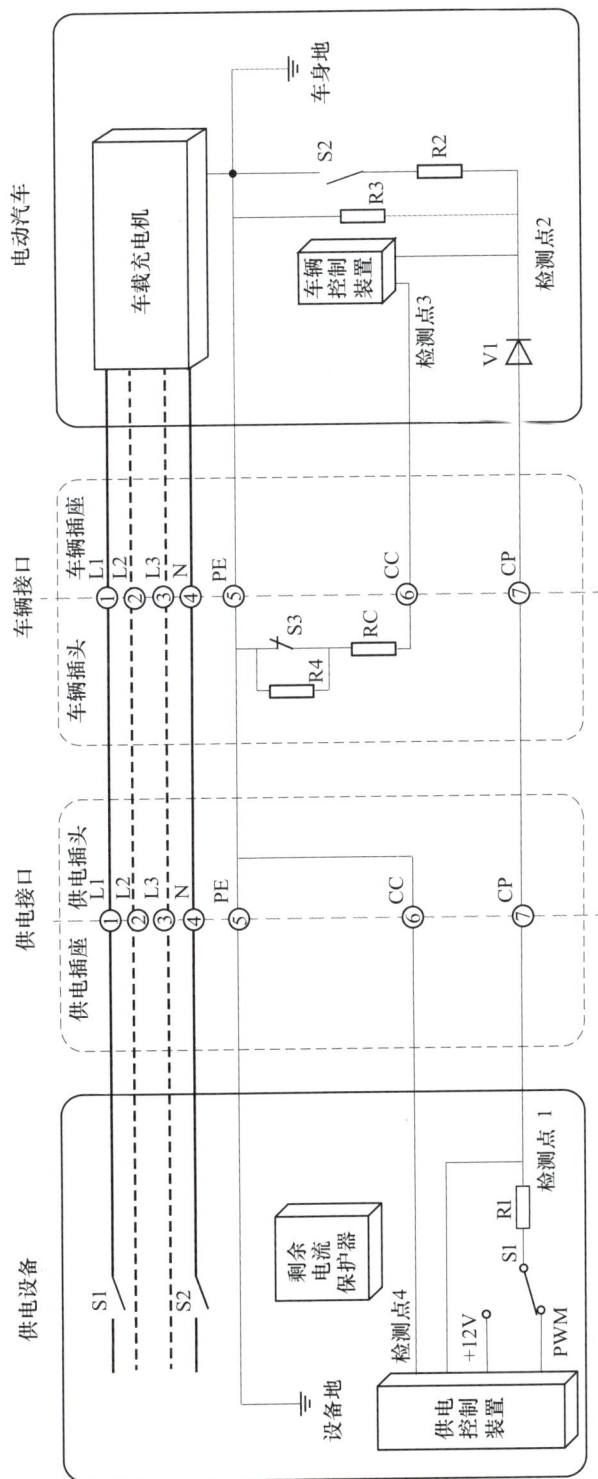

图 6 控制导引原理图（以充电模式 3 连接方式 B 为例）

7.9 充电控制时序及流程

充电控制时序及流程应满足 GB/T 18487.1—2015 中附录 A.3、附录 A.4 及附录 A.5 的规定。

7.10 待机功耗

在额定输入电压下，充电桩（一桩双充及以下）的待机功耗不应大于 15W。

7.11 机械强度

充电桩包装完好，按 GB/T 2423.55—2006 规定的方法进行试验，外壳应能承受剧烈冲击能量为 20J（5kg，0.4m）。试验结束后性能不应降低，充电桩的 IP 防护等级不受影响，门的操作和锁止点不受损坏，不会因变形而使带电部分和外壳相接触，并满足电气间隙和爬电距离的要求。

7.12 噪声

充电桩在额定输出功率下稳定运行，在周围环境噪声不大于 40dB 的条件下，距离充电桩水平位置 1m 处，测得噪声最大值应不超过 55dB。

7.13 机械开关的特性要求

7.13.1 开关

充电桩内开关应符合 GB/T 18487.1—2015 中 10.2.1 的要求。

7.13.2 接触器

充电桩内接触器应符合 GB/T 18487.1—2015 中 10.2.2 的要求。

7.13.3 断路器

充电桩内断路器应符合 GB/T 18487.1—2015 中 10.2.3 的要求。

7.13.4 继电器

充电桩内继电器应符合 GB/T 18487.1—2015 中 10.2.4 的要求。

7.13.5 剩余电流动作保护器

每台充电桩均应单独配备剩余电流动作保护器，为充电桩配备的剩余电流动作保护器应符合 GB/T 18487.1—2015 中 10.3 的要求。

7.14 环境要求

7.14.1 低温性能

按 GB/T 2423.1—2008 中试验 Ad 规定的方法进行试验，试验温度为 7.1.1 规定的下限值，充电桩应能正常启动。试验前、试验期间、试验后，充电桩应能正常工作。

7.14.2 高温性能

按 GB/T 2423.2—2008 中试验 Bd 规定的方法进行试验，试验温度为 7.1.1 规定的上限值，待达到试验温度后启动充电桩，充电桩应能正常工作，试验温度持续 2h。试验前、试验期间、试验后，充电桩应能正常工作。

7.14.3 湿热性能

按 GB/T 2423.4—2008 中试验 Db 规定的方法进行试验，试验温度为（40±2）℃，循环次数为 2 次；在试验结束前 2h 进行介电强度试验和测试绝缘电阻，其中绝缘电阻不应小于 1MΩ，介电强度按表 4 规定值的 75% 施加测量电压。试验结束后，恢复至正常大气条件，通电后充电桩应能正常工作。

7.15 电磁兼容要求

7.15.1 通用试验条件

充电桩的设备配置参见 GB/T 18487.2—2017 中的第 4 章；

充电桩的试验负载条件参见 GB/T 18487.2—2017 中的第 5 章；

测试过程的操作条件参见 GB/T 18487.2—2017 的第 6 章。

7.15.2　抗扰度要求

7.15.2.1　抗扰度性能判据

充电桩抗扰度性能判据见 GB/T 18487.2—2017 中的 7.1 节。

7.15.2.2　抗扰度试验要求

在不同环境中使用的充电桩，其静电放电抗扰度、射频电磁场辐射抗扰度、电快速瞬变脉冲群抗扰度、浪涌抗扰度、射频场感应的传导骚扰抗扰度、电压暂降和短时中断抗扰度应满足 GB/T 18487.2—2017 中 7.2 的要求。

7.15.3　发射要求

充电桩射频骚扰试验应满足 GB/T 18487.2—2017 中 8.3 的要求。

8　标志、包装、运输及储存

8.1　标志

8.1.1　充电桩应具有铭牌，并安装在明显位置，铭牌上应标明以下内容：

    ——生产厂家；

    ——产品名称；

    ——产品型号；

    ——额定输出电压；

    ——额定输出电流；

    ——出厂编号；

    ——生产日期；

    ——室内或室外使用（IP 等级）。

    注：如有多路输出时，标明电流最大值和每路值。

8.1.2 充电桩上各种开关、指示灯、接线端子、接地端子处等应有相应的文字符号作为标志，并与接线图上的文字符号一致。相应位置上应具有接线、接地及安全标志，要求字迹清晰易辨、不褪色、不脱落、布置均匀、便于观察。

8.2 包装

8.2.1 充电桩的包装应采取防潮、防振措施，且符合 GB/T 13384 的规定和 7.12 的要求。产品随带文件及附件包括：装箱清单、出厂试验报告、合格证、电气原理图和接线图、安装使用说明书、随机附件及备件清单。

8.2.2 产品外包装上应有清晰、耐久的包装贮运图示标志，图示标志应符合 GB/T 191 的规定。

8.3 运输

充电桩在运输过程中，不应有剧烈振动冲击、曝晒雨淋、倾倒放置等。

8.4 储存

充电桩在储存期间，应放在空气流通、温度在−25℃～+55℃之间、月平均相对湿度不大于 90%、无腐蚀性和爆炸性气体的仓库内，在储存期间不应淋雨、曝晒、凝露和霜冻。

NB/T 33008.1—2018

《电动汽车充电设备检验试验规范

第 1 部分：非车载充电机》

目　　次

前　　言

NB/T 33008《电动汽车充电设备检验试验规范》分为 2 个部分：

——第 1 部分：非车载充电机；

——第 2 部分：交流充电桩。

本部分为 NB/T 33008 的第 1 部分。

本部分按照 GB/T 1.1—2009 给出的规则起草。

本部分代替 NB/T 33008.1—2013《电动汽车充电设备检验试验规范　第
1 部分：非车载充电机》。与 NB/T 33008.1—2013 相比，除编辑性修改外主
要技术变化如下：

——对"1　范围"进行了修改，明确了新标准与 NB/T 33001—2018《电
动汽车非车载传导式充电机技术条件》之间的关系；

——对"4　检验规则""到货验收"和表 1 进行了修改，更新了试验项
目表；

——对"5　试验方法"的"一般检查"进行了修改，增加了基本构成检
查（见 5.2.3）、机械开关设备检查（见 5.2.4）、防雷措施检查（见
5.2.5）、防盗措施检查（见 5.2.6）；

——对"5　试验方法"的"功能试验"进行了修改，增加了绝缘检测功
能试验（见 5.3.3）、直流输出回路短路检测功能试验（见 5.3.4）、车
辆插头锁止功能试验（见 5.3.5）、预充电功能试验（见 5.3.6）；

——对"5　试验方法"的"安全要求试验"进行了修改，增加了开门保
护试验（见 5.4.6）、防逆流功能试验（见 5.4.10）、接触器粘连试验
（见 5.4.11）；

——对"5　试验方法"的"充电输出试验"进行了修改，增加了最大恒
功率输出试验（见 5.12.2）、功率控制试验（见 5.12.3）、电流纹波试
验（见 5.12.8）、输出电流测量误差试验（见 5.12.16）、输出电压测
量误差试验（见 5.12.17）、测量值更新时间试验（见 5.12.18）；

——对"5 试验方法"的"控制导引试验"进行了修改，增加了充电控
制状态试验（见 5.15.1）、充电连接控制时序试验（见 5.15.2）、控制
导引电压限值试验（见 5.15.3）、通信中断试验（见 5.15.4）、保护接
地导体连续性试验（见 5.15.5）、输出冲击电流试验（见 5.15.7）、蓄
电池电压与通信报文不符试验（见 5.15.8）、蓄电池电压超过充电机
范围试验（见 5.15.9）、蓄电池二重保护功能试验（见 5.15.10）、车
辆最高允许充电总电压不匹配试验（见 5.15.11）、充电需求大于蓄
电池参数试验（见 5.15.12）；

——增加了充电模式和连接方式检查（见 5.5）、充电连接装置及电缆检
查（见 5.6）、电气隔离检查（见 5.7）、接地试验（见 5.11）、待机功
耗试验（见 5.13）、防盐雾试验（见 5.21）、防锈（防氧化）试验（见
5.22），修改了电磁兼容试验（见 5.26）；

——增加了"附录 A 电池模拟测试装置"，给出车辆端电池模拟装置原
理图。

请注意本文件的某些内容可能涉及专利。本文件的发布机构不承担识别
这些专利的责任。

本部分由中国电力企业联合会提出。

本部分由能源行业电动汽车充电设施标准化技术委员会（NEA/TC 3）
归口。

本部分主要起草单位：国家电网有限公司、中国电力企业联合会、国网
电力科学研究院有限公司。

本部分参加起草单位：国网电动汽车服务有限公司、中国汽车技术研究
中心有限公司、许继集团有限公司、国电南瑞科技股份有限公司、中国电力
科学研究院有限公司、国网北京市电力公司、国网江苏省电力有限公司、国
网江西省电力有限公司电力科学研究院、深圳奥特迅电力设备股份有限公司、
上海电器科学研究院、苏州电器科学研究院、许昌开普检测研究院股份有限
公司、普天新能源责任有限公司、西安特锐德智能充电科技有限公司、比亚
迪汽车工业有限公司。

本部分主要起草人：谢永胜、朱炯、武斌、施玉祥、周丽波、桑林、

马建伟、张萱、李晓强、甘江华、李旭玲、张浩、陈晓楠、董晨、王阳、李瑶虹、裴茂林、龙国标、陈海洋、刘秀兰、陈卓、张元星、王娇娇、陈雪梅、姜宁浩、孙远、虞文惠、盛立健、何雪枫、叶建德、刘华锋、万新航、刘文珍、巨阳、李振、毛志鹏。

本部分所代替标准的历次版本发布情况为：

——NB/T 33008.1—2013。

本标准在执行过程中的意见或建议反馈至中国电力企业联合会标准化管理中心（北京市白广路二条一号，100761）。

电动汽车充电设备检验试验规范
第1部分：非车载充电机

1 范围

本部分规定了电动汽车非车载充电机（以下简称充电机）的检验规则和试验方法。

本部分适用于充电机的型式试验、出厂检验、到货验收。

本部分适用于 NB/T 33001—2018 规定的充电机。

2 规范性引用文件

下列文件对于本文件的应用是必不可少的。凡是注日期的引用文件，仅注日期的版本适用于本文件。凡是不注日期的引用文件，其最新版本（包括所有的修改单）适用于本文件。

GB/T 2421.1—2008 电工电子产品环境试验 概述和指南

GB/T 2423.1—2008 电工电子产品环境试验 第2部分：试验方法 试验 A：低温

GB/T 2423.2—2008 电工电子产品环境试验 第2部分：试验方法 试验 B：高温

GB/T 2423.4—2008 电工电子产品环境试验 第2部分：试验方法 试验 Db 交变湿热（12h+12h 循环）

GB/T 2423.17—2008 电工电子产品环境试验 第2部分：试验方法 试验 Ka：盐雾

GB/T 2423.55—2006 电工电子产品环境试验 第2部分：试验方法 试验 Eh：锤击试验

GB/T 4208 外壳防护等级（IP 代码）

GB 4824—2013 工业、科学和医疗（ISM）射频设备 骚扰特性 限值

和测量方法

GB/T 7251.1—2013 低压成套开关设备和控制设备 第 1 部分：总则

GB 17625.1 电磁兼容 限值 谐波电流发射限值（设备每相输入电流≤16A）

GB/T 17625.2 电磁兼容 限值 对每相额定电流≤16A 且无条件接入的设备在公用低压供电系统中产生的电压变化、电压波动和闪烁的限制

GB/T 17625.7 电磁兼容 限值 对额定电流≤75A 且有条件接入的设备在公用低压供电系统中产生的电压变化、电压波动和闪烁的限制

GB/T 17625.8 电磁兼容 限值 每相输入电流大于 16A 小于等于 75A 连接到公用低压系统的设备产生的谐波电流限值

GB/T 17626.2 电磁兼容 试验和测量技术 静电放电抗扰度试验

GB/T 17626.3 电磁兼容 试验和测量技术 射频电磁场辐射抗扰度试验

GB/T 17626.4 电磁兼容 试验和测量技术 电快速瞬变脉冲群抗扰度试验

GB/T 17626.5 电磁兼容 试验和测量技术 浪涌（冲击）抗扰度试验

GB/T 17626.6 电磁兼容 试验和测量技术 射频场感应的传导骚扰抗扰度

GB/T 17626.8 电磁兼容 试验和测量技术 工频磁场抗扰度试验

GB/T 17626.11 电磁兼容 试验和测量技术 电压暂降、短时中断和电压变化的抗扰度试验

GB/T 17626.34 电磁兼容 试验和测量技术 主电源每相电流大于 16A 的设备的电压暂降、短时中断和电压变化抗扰度试验

GB/T 18487.1—2015 电动汽车传导充电系统 第 1 部分：通用要求

GB/T 18487.2—2017 电动汽车传导充电系统 第 2 部分：非车载传导供电设备电磁兼容要求

GB/T 20234.1—2015 电动汽车传导充电用连接装置 第 1 部分：通用要求

GB/T 20234.3—2015 电动汽车传导充电用连接装置 第 3 部分：直流充电接口

GB/T 27930—2015 电动汽车非车载传导式充电机与电池管理系统之间的通信协议

GB/T 29317 电动汽车充换电设施术语

GB/T 29318 电动汽车非车载充电机电能计量

GB/T 34657.1—2017 电动汽车传导充电互操作性测试规范 第 1 部分：供电设备

GB/T 34658—2017 电动汽车非车载传导式充电机与电池管理系统之间的通信协议一致性测试

NB/T 33001—2018 电动汽车非车载传导式充电机技术条件

IEC 61851—23 电动汽车传导充电系统 第 23 部分：直流电动汽车充电站（第二版，委员会草案 CD，Electric vehicle conductive charging system-Part 23：electric vehicle charging station）

3 术语和定义

GB/T 18487.1—2015、GB/T 18487.2—2017、GB/T 29317、NB/T 33001—2018 界定的术语和定义适用于本文件。

4 检验规则

4.1 检验分类

产品的检验分为型式试验、出厂检验和到货验收三类。

4.1.1 型式试验

在下列情况下，产品必须进行型式试验：

a） 新投产的产品（包括转厂生产的产品），应在生产鉴定前进行型式试验；

b） 当设计变更、工艺或主要元器件改变、影响产品性能时，应在投入生产前进行型式试验；

c） 停产两年以上的产品，应在再次投入生产前进行型式试验。

4.1.2 出厂检验

每台产品均应进行出厂检验，经过生产厂家质量检验部门确认后，并具有证明产品合格的证明书方能出厂。

4.1.3 到货验收

收货单位宜对收到的产品在使用前进行到货检验，产品验收合格后方能投入使用。具体验收抽样方案由各收货单位自行决定。

4.2 试验项目

充电机试验项目如表 1 所示。

表 1　充电机试验项目表

序号	试验项目	型式试验	出厂检验	对应 NB/T 33001—2018 中技术要求
1	一般检查			
	外观检查	√	√	—
	标志检查	√	√	8.1
	基本构成检查	√	√	4
	机械开关设备检查	√	—	7.17
	防雷措施检查	√	—	6.10.16
	防盗措施检查	√*	—	7.3.5
2	功能试验			
	充电控制功能试验	√	√	6.1
	通信功能试验	√*	—	6.2
	绝缘检测功能试验	√	—	6.3
	直流输出回路短路检测功能试验	√	—	6.4
	车辆插头锁止功能试验	√	√	6.5
	预充电功能试验	√	√	6.6
	显示功能试验	√	√	6.7.1
	输入功能试验	√*	√*	6.7.2
	计量功能试验	√*	—	6.8
	急停功能试验	√	√	6.9

表 1（续）

序号	试验项目		型式试验	出厂检验	对应 NB/T 33001—2018 中技术要求
3	安全要求试验				
		输入过压保护试验	√	√	6.10.1
		输入欠压保护试验	√	√	
		输出过压保护试验	√	√	6.10.2
		输出短路保护试验	√	—	6.10.3
		过温保护试验	√	√*	6.10.4
		开门保护试验	√*	√*	6.10.5
		启动急停装置试验	√	√	6.10.6
		输入电流过冲试验	√	√	6.10.7
		蓄电池反接试验	√	√	6.10.9
		防逆流功能试验	√	—	6.10.11
		接触器粘连试验	√	√	6.10.12
4	充电模式和连接方式检查		√	—	7.12
5	充电连接装置及电缆检查		√	—	7.12、7.18
6	电气隔离检查		√	—	7.5.5
7	电击防护试验				
		直接接触防护试验	√	—	7.5.2
		动力电源输入失电试验	√	√	
8	电气间隙和爬电距离试验		√	—	7.5.3
9	绝缘性能试验				
		绝缘电阻试验	√	√	7.6.1
		介电强度试验	√	√	7.6.2
		冲击耐压试验	√	—	7.6.3
10	接地试验		√	—	7.5.4
11	充电输出试验				
		最大恒功率输出试验	√*	—	7.7.2
		功率控制试验	√*	—	
		低压辅助电源试验	√*	√*	7.7.3
		稳流精度试验	√	√*	7.7.4
		稳压精度试验	√	√*	7.7.5
		电压纹波因数试验	√	√*	7.7.6
		电流纹波试验	√	√*	7.7.7
		输出电流设定误差试验	√	√	7.7.8

表 1（续）

序号	试验项目	型式试验	出厂检验	对应 NB/T 33001—2018 中技术要求
11	输出电压设定误差试验	√	√	7.7.9
	限压特性试验	√	√	7.7.10
	限流特性试验	√	√	
	输出电流响应时间试验	√	—	7.7.11
	输出电流停止速率试验	√	—	
	启动输出过冲试验	√	—	7.7.12
	输出电流测量误差试验	√	—	7.10
	输出电压测量误差试验	√	—	
	测量值更新时间试验	√	—	
	效率试验	√	√*	7.11
	功率因数试验	√	√*	
12	待机功耗试验	√	—	7.9
13	协议一致性试验	√	√	6.2
14	控制导引试验			
	充电控制状态试验	√	√	7.13、7.14
	充电连接控制时序试验	√	√	
	控制导引电压限值试验	√	—	
	通信中断试验	√	√	6.10.13
	保护接地连续性试验	√	√	6.10.6
	连接检测信号断开试验	√	√	
	输出冲击电流试验	√	—	6.10.8
	蓄电池电压与通信报文不符试验	√	—	6.10.9
	蓄电池电压超过充电机范围试验	√	—	
	蓄电池二重保护功能试验	√	—	6.10.10
	车辆最高允许充电总电压不匹配试验	√	—	6.10.14
	充电需求大于蓄电池参数试验	√	—	6.10.15
15	噪声试验	√	—	7.16
16	内部温升试验	√	—	7.4
17	允许温度试验	√	—	7.5.1
18	机械强度试验	√	—	7.15
19	防护等级试验			
	防止固体异物进入试验	√	—	7.3.1
	防止水进入试验	√	—	

表 1（续）

序号	试验项目	型式试验	出厂检验	对应 NB/T 33001—2018 中技术要求
20	防盐雾试验	√	—	7.3.2
21	防锈（防氧化）试验	√	—	7.3.3
22	低温试验	√	—	7.19.1
23	高温试验	√	—	7.19.2
24	交变湿热试验	√	—	7.19.3
25	电磁兼容试验			
	抗扰度试验	√	—	7.20.5
	发射试验	√	—	7.20.6
注："√"必检项目；"√*"表示选检项目；"—"表示不测项目。				

4.3　合格判定

型式试验和出厂检验的试验项目按照表 1 规定进行。被测产品对应检验类别的所有试验项目都符合要求后，才能判定此类别合格，否则判定为不合格。

5　试验方法

5.1　试验条件

5.1.1　试验系统

充电机试验系统主要包括三相可调电源、车辆插座、车辆电池管理系统模拟软件、车辆控制模拟电路、交流电压和电流测量仪器、直流电压和电流测量仪器以及电池模拟装置等，可配置上级监控系统或运营管理系统、主控机等，如图 1 所示。该试验系统适用于 5.3（5.3.9 除外）、5.4、5.8.2、5.12、5.14、5.15、5.16、5.17、5.18、5.23、5.24、5.25、5.26 试验项目，其他测试项目的试验系统和测试用仪器详见具体章节要求。除另有规定，所有输出测试点均在车辆接口位置测试。

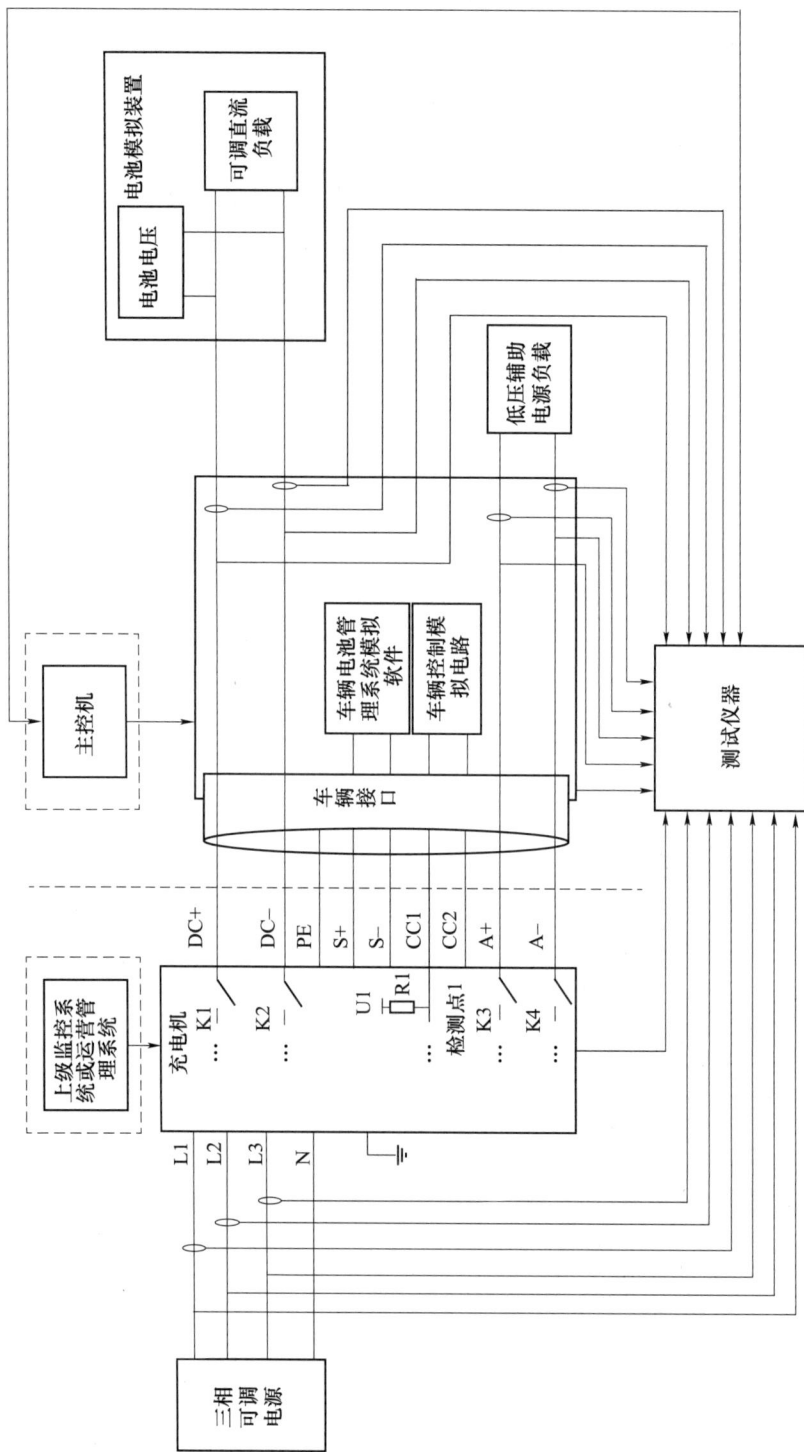

图 1 充电机试验系统拓扑图

5.1.2　试验环境条件

在本标准中，除环境试验条件外，其他试验均在测量和试验用标准大气条件下进行。在每一项目的试验期间内，试验环境条件应相对稳定，即：

a)　环境温度：+15℃～+35℃；

b)　相对湿度：45%～75%；

c)　大气压力：86kPa～106kPa。

5.1.3　试验电源条件

试验时供电电源条件为：

a)　频率：50Hz±0.5Hz；

b)　交流电源电压：220V/380V，允许偏差±5%；

c)　交流电源波形：正弦波，波形畸变因数不大于 5%；

d)　交流电源系统的不平衡度：不大于 5%；

e)　交流电源系统的直流分量：偏移量不大于峰值的 2%。

5.1.4　试验仪器要求

除另有规定外，试验中所使用的仪器仪表应满足下列要求：

a)　所用测量仪器、仪表应通过计量检定或校准，证书在有效期内；

b)　测量仪器、仪表的测量范围应覆盖被测量的测量范围；

c)　测试仪器、仪表或系统的测量不确定度应优于被测量的允许误差的 1/3；

d)　测量值应在选用仪器、仪表量程的 1/5 以上。

5.1.5　电流传感器

测量电流可选用电流表直接测量法或经电流传感器的二次测量法，传感器可选用分流器或霍尔传感器等，传感器应满足如下要求：

a)　使用电流传感器时，应保证环境条件满足使用要求，必要时需要做隔离防护措施；

b） 应选用量程适宜的电流传感器。

5.1.6 试验负载

推荐使用电阻负载，或者具备模拟电池电压和负载功能的电池模拟装置，参考附录 A。

5.2 一般检查

5.2.1 外观检查

目测检查充电机（含充电连接装置）的外壳应平整，无明显凹凸痕、划伤、变形等缺陷；表面涂镀层应均匀，无脱落；零部件（包括连接装置内触头）应紧固可靠，无锈蚀、毛刺、裂纹等缺陷和损伤。

5.2.2 标志检查

目测检查充电机铭牌位置和内容的正确性与完整性，铭牌内容应符合 NB/T 33001—2018 中 8.1.1 的规定。目测检查充电机接线、接地及安全标志的正确性与完整性。通过观察并用一块浸透蒸馏水的脱脂棉在约 15s 内擦拭 15 个来回，随后用一块浸透汽油的脱脂棉在约 15s 内擦拭 15 个来回，试验期间应用约 $2N/cm^2$ 的压力将脱脂棉压在标志上。试验后，标志仍应易于辨认。

5.2.3 基本构成检查

打开充电机门，目测检查充电机的基本构成应包括动力电源输入、功率变换单元、输出开关单元、充电电缆和车辆插头、控制电源、充电控制单元、人机交互单元，宜包括有计量等功能单元。

5.2.4 机械开关设备检查

5.2.4.1 开关和隔离开关

检查充电机的开关和隔离开关应符合 GB/T 18487.1—2015 中 10.2.1 的规

定或具备对应的证明材料。

5.2.4.2 接触器

检查充电机的交流/直流接触器应符合 GB/T 18487.1—2015 中 10.2.2 的规定或具备对应的证明材料。

5.2.4.3 断路器

检查充电机的断路器应符合 GB/T 18487.1—2015 中 10.2.3 的规定或具备对应的证明材料。

5.2.4.4 继电器

检查充电机的功率继电器应符合 GB/T 18487.1—2015 中 10.2.4 的规定或具备对应的证明材料。

5.2.5 防雷措施检查

检查充电机应采取避雷防护措施，且符合 GB/T 18487.1—2015 中 11.7 的规定。

5.2.6 防盗措施检查

检查户外型充电机，应具有防盗措施，如防盗锁和防盗螺钉等，且产品安装说明书中应有相关要求。

5.3 功能试验

5.3.1 充电控制功能试验

按照以下步骤进行充电控制功能试验：

a) 将充电机连接试验系统，检查充电机应能根据车辆电池管理系统模拟软件提供的数据动态调整充电输出，并根据设定的参数执行相应动作，控制充电过程且自动完成充电。

b) 具备手动充电控制功能的充电机在进行调试或维护时，且没有连接上级监控系统或运营管理系统以及车辆的情况下，检查充电机应按照制造商声明的方式手动设定充电参数，并实施充电启停操作，完成充电过程。

5.3.2 通信功能试验

对于具备与厂家指定的上级监控系统或运营管理系统通信功能的充电机，连接试验系统，在充电过程中，检查充电机应能按照约定的协议要求进行通信。

5.3.3 绝缘检测功能试验

将充电机连接试验系统，按照以下步骤进行试验：

a) 在绝缘检测前，模拟 K1 和 K2 外侧电压绝对值大于 10V，检查充电机应停止绝缘检测过程，并发出告警提示；

b) 检查充电机端应设置绝缘检测电路，且在车辆接口连接后到车辆充电回路接触器 K5 和 K6 闭合前，充电机应能闭合直流输出回路接触器 K1 和 K2 对其内部（含充电电缆）进行绝缘检测，绝缘检测电压应符合 GB/T 18487.1—2015 中 B.3.3 的规定；

c) 按照 GB/T 34657.1—2017 中 6.3.4.5 规定的方法进行模拟绝缘故障和绝缘异常，按照图 2 所示，充电机绝缘检测误差不应超过 ±5%，选择绝缘电阻测试点，测试电压为充电机额定输出电压值，测试结果应符合 GB/T 18487.1—2015 中 B.4.1 和 B.4.2 的规定。

5.3.4 直流输出回路短路检测功能试验

将充电机连接试验系统，模拟直流输出回路出现短路故障，启动充电，检查充电机应停止绝缘检测过程，并发出告警提示。

5.3.5 车辆插头锁止功能试验

将充电机连接试验系统，启动充电，按照以下步骤进行试验：

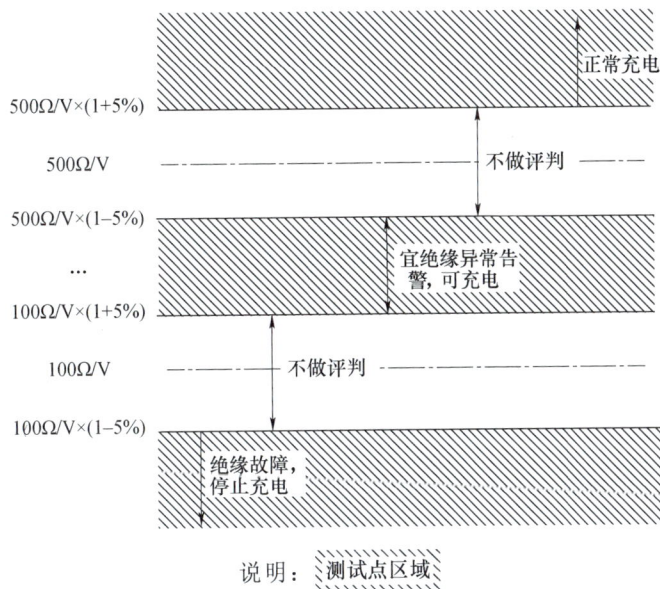

说明：测试点区域

图 2 绝缘电阻测试点范围

a) 通过检查检测点 1 电压值，并施加符合 GB/T 20234.1—2015 中 6.3.2 规定的拔出外力，检查机械锁止装置的有效性。

b) 通过检查电子锁反馈信号变化和机械锁是否能操作，检查电子锁止装置对机械锁止装置的联锁效果。当电子锁未可靠锁止时，检查充电机不应允许充电。在整个充电过程中（包括绝缘检测过程），充电机电子锁应可靠锁止，不允许带电解锁且不应由人手直接操作解锁。

c) 模拟故障不能继续充电、充电完成时，在解除电子锁时车辆接口电压应降至 60V DC 以下。

d) 电子锁装置应具备应急解锁功能。

5.3.6 预充电功能试验

将充电机连接试验系统，在充电配置阶段，K5 和 K6 闭合前，模拟正常的车辆端电池电压（K1 和 K2 外侧电压与通信报文电池电压误差范围≤±5% 且在充电机正常输出电压范围内），闭合 K5 和 K6，检查充电机应在检测到正常的车辆端电池电压后，将 K1 和 K2 内侧输出电压调整到当前电池电压减去 1V～10V，再闭合 K1 和 K2。

5.3.7 显示功能试验

将充电机连接试验系统，模拟待机状态、充电状态、故障或告警状态等，检查充电机的显示信息或状态应符合 NB/T 33001—2018 中 6.7.1 的规定，且显示字符清晰、完整，没有缺损。

具备手动充电控制功能的充电机应能显示人工输入信息。

5.3.8 输入功能试验

对于具备手动输入和控制功能的充电机，连接试验系统，设置充电机充电参数，检查充电机应能正确进入充电过程并执行设置操作；在充电过程中，模拟进行启停操作，检查充电机应能正确启动或停止充电。

5.3.9 计量功能试验

对于安装有电能表的充电机，充电机电能计量功能应符合 GB/T 29318 的规定。

5.3.10 急停功能试验

按照以下步骤进行试验：

a) 检查充电机应安装急停装置，且具备防止误操作的防护措施；

b) 对于一体式充电机，将充电机连接试验系统，在充电过程中，模拟启动急停装置，检查充电机应能同时切断充电机的动力电源输入和直流输出；

c) 对于分体式充电机，将充电机连接试验系统，在充电过程中，模拟启动急停装置，检查充电机应能切断相应充电终端的直流输出，也可同时切断充电机的动力电源输入。

5.4 安全要求试验

5.4.1 输入过压保护试验

将充电机连接试验系统，并设置在额定负载状态下运行。调整输入电源电压超过输入过压保护动作值时，检查充电机输入过压保护应启动，立即切断直流输出，并发出告警提示。输入过压保护动作值不应低于 115%额定输入电压。

5.4.2　输入欠压保护试验

将充电机连接试验系统，并设置在额定负载状态下运行。调整输入电源电压低于输入欠压保护动作值时，检查充电机输入欠压保护应启动，并发出告警提示。输入欠压保护动作值不应高于 85%额定输入电压。

5.4.3　输出过压保护试验

将充电机连接试验系统，在充电过程中，人为模拟充电机输出过压故障，检查充电机应立即切断直流输出，并发出告警提示。

5.4.4　输出短路保护试验

将充电机连接试验系统，并设置在额定负载状态下运行，短接充电机的直流输出端，检查充电机应自动进入恒流输出状态或切断直流输出，并发出告警提示。短路容量保护值不应超过 NB/T 33001—2018 中 6.10.3 的规定。

5.4.5　过温保护试验

将充电机连接试验系统，并设置在额定负载状态下运行，采用如过滤网堵塞、冷却风扇失效或其他故障方式，模拟充电机内部温度超过过温保护值，检查充电机应降低输出功率或切断直流输出，并发出告警提示。

5.4.6　开门保护试验

将具有维护门且门打开时可造成带电部位露出的充电机连接试验系统，按照以下步骤进行试验：

    a）在充电前，打开充电机门，检查充电机，应无法启动充电；

    b）一体式充电机在充电过程中，模拟门打开，充电机应同时切断动力电源输入和直流输出；

c） 分体式充电机在充电过程中，模拟门打开，充电机应切断相应部分的电源输入或输出。

5.4.7 启动急停装置试验

将充电机连接试验系统，并设置在额定负载状态下运行，启动急停装置，充电机应在 100ms 内断开 K1 和 K2，且电子锁解锁时车辆接口电压不应超过 60V DC。

5.4.8 输入电流过冲试验

将充电机连接试验系统，设置在额定负载状态下运行，在充电机进入充电阶段开始输出时，用测量仪器记录充电机输入峰值电流，检查充电机峰值电流不应超过额定输入电流峰值的 110%。

5.4.9 蓄电池反接试验

将充电机连接试验系统，在充电参数配置阶段前，模拟将动力蓄电池与充电机输出正、负极反置，闭合 K5 和 K6，充电机不应允许充电，并发出告警提示。

5.4.10 防逆流功能试验

充电机主回路电路（图）或者所配置功率变换单元（如充电模块等）应具备防逆流功能，如输出安装二极管等。将充电机连接试验系统，在充电过程中，模拟外侧电压超出充电机当前输出电压，直流回路不应能产生反向电流。

5.4.11 接触器粘连试验

将充电机连接试验系统，采用如短接直流输出端或者触发接触器节点信号，模拟任何一个接触器主触点为动断状态（无法断开）或者动合状态，启动充电，检查充电机应停止绝缘检测过程，并发出告警提示。

5.5　充电模式和连接方式检查

目测充电机采用的充电模式应符合 GB/T 18487.1—2015 中 5.1 规定的充电模式 4，连接方式应采用 GB/T 18487.1—2015 中 3.1.3.3 规定的连接方式 C。

5.6　充电连接装置及电缆检查

5.6.1　充电连接装置检查

充电机所配置的充电用连接装置应具备符合 GB/T 20234.1—2015、GB/T 20234.3—2015 规定的证明材料，或者按照 GB/T 34657.1—2017 中 6.2 规定的方法对车辆插头的结构尺寸、插头空间尺寸进行复核。

5.6.2　电缆管理及贮存检查

充电机应随桩配置车辆插头贮存装置，该装置可以与充电机分离或固定在充电机上。在未使用车辆插头时，车辆插头应存放在地面上方 0.5m～1.5m 处（除地面安装设备）；对采用长度超过 7.5m 的电缆的充电机，自由电缆长度不应超过 7.5m。未在充电机本体上设置车辆插头贮存装置，产品说明书应有外置车辆插头贮存装置的安装位置相关说明，应随桩配置车辆插头贮存装置。

5.7　电气隔离检查

检查充电机的电气原理图，并目测充电机的动力电源输入和直流输出之间应电气隔离。对一机多充式充电机，各直流输出口之间应电气隔离。电气隔离防护措施应符合 NB/T 33001—2018 中 7.5.5 的规定。

5.8　电击防护试验

5.8.1　直接接触防护试验

按照 GB/T 4208 的方法进行直接接触防护试验。通过 IPXXC 试验试具进行试验，将试具推向充电机外壳的任何开口，试验用力（3±0.3）N。如试具能进入一部分或全部进入，应在每一个可能的位置上活动，但挡盘不得穿入开口，且不应触及危险带电部件。

5.8.2 动力电源输入失电试验

将充电机连接试验系统，在充电过程中，模拟交流供电停电，充电机应能在 1s 内将车辆接口电压降至 60V DC 以下；保持充电用连接装置处于完全连接状态，恢复对充电机的交流供电，充电机不应继续充电。

5.9 电气间隙和爬电距离试验

用量规或游标卡尺测量充电机规定部位的最小间隙和爬电距离应符合表 2 的规定。表 2 中的爬电距离是对基本绝缘的规定值。

表 2　电气间隙和爬电距离

额定绝缘电压 V	电气间隙 mm	爬电距离 mm
$U_i \leqslant 60$	3.0	3.0
$60 < U_i \leqslant 300$	5.0	6.0
$300 < U_i \leqslant 700$	8.0	10.0
$700 < U_i \leqslant 950$	14.0	20.0

注 1：当主电路与控制电路或辅助电路的额定绝缘电压不一致时，其电气间隙和爬电距离可分别按其额定值选取。

注 2：具有不同额定值主电路或控制电路导电部分之间的电气间隙与爬电距离，应按最高额定绝缘电压选取。

注 3：小母线、汇流排或不同级的裸露的带电导体之间，以及裸露的带电导体与未经绝缘的不带电导体之间的电气间隙不小于 12mm，爬电距离不小于 20mm。

注 4：加强绝缘的爬电距离是基本绝缘的两倍。

5.10 绝缘性能试验

5.10.1 绝缘电阻试验

在充电机非电气连接的各带电回路之间、各独立带电回路与地（金属外壳）之间按表 3 规定施加直流电压，绝缘电阻不小于 10MΩ。

5.10.2　介电强度试验

在充电机非电气连接的各带电回路之间、各独立带电回路与地（金属外壳）之间按表 3 规定施加 1min 工频交流电压（也可采用直流电压，试验电压为交流电压有效值的 1.4 倍）。试验时，充电机泄漏电流值不应大于 10mA，试验部位不应出现绝缘击穿或闪络现象。

对采用绝缘材料外壳的充电机，按照 GB/T 7251.1—2013 中 10.9.4 的方法进行试验。

5.10.3　冲击耐压试验

在充电机非电气连接的各带电回路之间、各独立带电回路与地（金属外壳）之间按表 3 规定施加 3 次正极性和 3 次负极性标准雷电波的短时冲击电压，每次间隙不小于 5s，脉冲波形 1.2/50μs，电源阻抗 500Ω，试验时其他回路和外露的导电部分接地。试验过程中，试验部位不应出现击穿放电，允许出现不导致损坏绝缘的闪络，如果出现闪络，则应复查介电强度，介电强度试验电压为规定值的 75%。

表 3　绝缘试验的试验等级

额定绝缘电压 V	绝缘电阻试验仪器的电压等级 V	介电强度试验电压 V	冲击耐压试验电压 kV
$\leqslant 60$	250	1000（1400）	±1.0
$60 < U_i \leqslant 300$	500	2000（2800）	±2.5
$300 < U_i \leqslant 700$	1000	2400（3360）	±6.0
$700 < U_i \leqslant 950$	1000	$2 \times U_i + 1000$ （$2.8 \times U_i + 1400$）	±6.0
注 1：括号内数据为直流介电强度试验值。 注 2：出厂试验时，介电强度试验允许试验电压高于表中规定值的 10%，试验时间 1s。			

5.11　接地试验

按照以下步骤进行接地试验：

a)　充电机金属壳体应设置接地螺栓，用量规或游标卡尺测量其直径不应小于 6mm，且有接地标志。

b) 充电机的门、盖板、覆板和类似部件，应采用保护导体将这些部件与充电机主体框架连接，用量规或游标卡尺测量保护导体的截面积不应小于 2.5mm²。

c) 通过电桥、接地电阻试验仪或数字式低电阻试验仪测量，充电机内任意应该接地的点至总接地之间的电阻不应大于 0.1Ω，测量点不应少于 3 个；如果测量点涂敷防腐漆，需将防腐漆刮去，露出非绝缘材料后再进行试验，接地端子应有明显的标志。

d) 检查充电机内部工作地与保护地应相互独立，应分别直接连接到接接地导体（铜排）上，不应在一个接地线中串接多个需要接地的电气装置。

5.12 充电输出试验

5.12.1 试验点的选择

不具备恒功率充电功能和具备恒功率充电功能充电机的充电输出试验应分别在表 4 和表 5 给出的试验点进行测试（该试验点是指输入电压、输出电压和输出电流点的组合），试验点参考图如图 3 所示。根据制造商声明或产品说明书规定的充电策略，试验时可增加其他试验点。

对于采用充电模块复用方式的一机多充式充电机，仅对其中最大输出功率的车辆接口按照表 4 或表 5 给出的试验点进行测试。对于未采用充电模块复用方式的一机多充式充电机，根据制造商声明或产品说明书规定的充电策略，每个车辆接口均应按照表 4 或表 5 给出的试验点进行测试。

表 4 不具备恒功率充电功能的充电机试验点

试验项目	输入电压	输出电压	输出电流	试验点数
稳流精度	$85\%U_{in}$、U_{in}、$115\%U_{in}$	U_{min}、U_{men}、U_{max}	$20\%I_n$、$50\%I_n$、$100\%I_n$	27
稳压精度	$85\%U_{in}$、U_{in}、$115\%U_{in}$	U_{min}、U_{men}、U_{max}	$0\%I_n$、$50\%I_n$、$100\%I_n$	27
电压纹波因数	$85\%U_{in}$、U_{in}、$115\%U_{in}$	U_{min}、U_{men}、U_{max}	$0\%I_n$、$50\%I_n$、$100\%I_n$	27

表4（续）

试验项目	输入电压	输出电压	输出电流	试验点数
电流纹波	U_{in}	U_{max}	$100\%I_n$	1
输出电流设定误差	U_{in}	U_{men}	$20\%I_n$、$50\%I_n$、$100\%I_n$	3
输出电压设定误差	U_{in}	U_{min}、U_{men}、U_{max}	$50\%I_n$	3
输出电流测量误差	U_{in}	U_{men}	$20\%I_n$、$50\%I_n$、$100\%I_n$	3
输出电压测量误差	U_{in}	U_{min}、U_{men}、U_{max}	$50\%I_n$	3
效率	U_{in}	U_{min}（或$20\%U_{max}$）、$50\%U_{max}$、U_{max}	$100\%I_n$	5
		U_{max}	$20\%I_n$、$50\%I_n$	
功率因数	U_{in}	U_{min}（或$20\%U_{max}$）、$50\%U_{max}$、U_{max}	$100\%I_n$	5
		U_{max}	$20\%I_n$、$50\%I_n$	

注：U_{in} 为额定输入电压值、U_{max} 为允许输出电压上限值、U_{men} 为允许输出电压中值〔$U_{men}=$（$U_{max}+U_{min}$）/2〕、U_{min} 为允许输出电压下限值、I_n 为额定输出电流。

表5 具备恒功率充电功能的充电机试验点

试验项目	输入电压	输出电压	输出电流	试验点数
最大恒功率输出	U_{in}	U'_{max}	P_{max}/U'_{max}	$3N$（$N=$恒功率段数）
		U'_{men}	P_{max}/U'_{men}	
		U'_{min}	I'_{max}	
稳流精度	$85\%U_{in}$、U_{in}、$115\%U_{in}$	U_{min}、U_{men}、U_{max}	$20\%I_n$、$50\%I_n$、$100\%I_n$	27
稳压精度	$85\%U_{in}$、U_{in}、$115\%U_{in}$	U_{min}	$0\%I_n$、$50\%I_n$、电流扩展区域内U_{min}对应的最大输出电流值	27
		U_{men}	$0\%I_n$、$50\%I_n$、电流扩展区域内U_{men}对应的最大输出电流值	
		U_{max}	$0\%I_n$、$50\%I_n$、$100\%I_n$	

表 5（续）

试验项目	输入电压	输出电压	输出电流	试验点数
电压纹波因数	$85\%U_{in}$、U_{in}、$115\%U_{in}$	U_{min}	$0\%I_n$、$50\%I_n$、电流扩展区域内U_{min}对应的最大输出电流值	27
		U_{men}	$0\%I_n$、$50\%I_n$、电流扩展区域内U_{men}对应的最大输出电流值	
		U_{max}	$0\%I_n$、$50\%I_n$、$100\%I_n$	
电流纹波	U_{in}	U_{max}	$100\%I_n$	2
		P_{max}/I_{max}	I_{max}	
输出电流设定误差	U_{in}	U_{men}	$20\%I_n$、$50\%I_n$、电流扩展区域内U_{men}对应的最大输出电流值	3
输出电压设定误差	U_{in}	U_{min}、U_{men}、U_{max}	$50\%I_n$	3
输出电流测量误差	U_{in}	U_{men}	$20\%I_n$、$50\%I_n$、电流扩展区域内U_{men}对应的最大输出电流值	3
输出电压测量误差	U_{in}	U_{min}、U_{men}、U_{max}	$50\%I_n$	3
效率	U_{in}	U_{min}（或$20\%U_{max}$）、$50\%U_{max}$	$100\%I_n$	$4+3N$（$N=$恒功率段数）
		U_{max}	$20\%I_n$、$50\%I_n$	
		U'_{max}	P_{max}/U'_{max}	
		U'_{men}	P_{max}/U'_{men}	
		U'_{min}	P_{max}/U'_{min}	
输入功率因数	U_{in}	U_{min}（或$20\%U_{max}$）、$50\%U_{max}$	$100\%I_n$	$4+3N$（$N=$恒功率段数）
		U_{max}	$20\%I_n$、$50\%I_n$	
		U'_{max}	P_{max}/U'_{max}	
		U'_{men}	P_{max}/U'_{men}	
		U'_{min}	P_{max}/U'_{min}	

注 1：U_{in}为额定输入电压、U_{max}为允许输出电压上限、U_{men}为允许输出电压中值［$U_{men}=(U_{max}+U_{min})/2$］、$U_{min}$为允许输出电压下限值、$I_{max}$为最大输出电流、$I_n$为额定输出电流、$P_{max}$为额定输出功率，$P_{max}=U_{max}\cdot I_n$。

注 2：U'_{max}为某一恒功率段上允许输出电压上限值、U'_{men}为某一恒功率段上允许输出电压中值［$U'_{men}=(U'_{max}+U'_{min})/2=(U'_{max}+P_{max}/I'_{max})/2$］、$U'_{min}$为某一恒功率段上允许输出电压下限值、$I'_{max}$为某一恒功率段上最大输出电流。

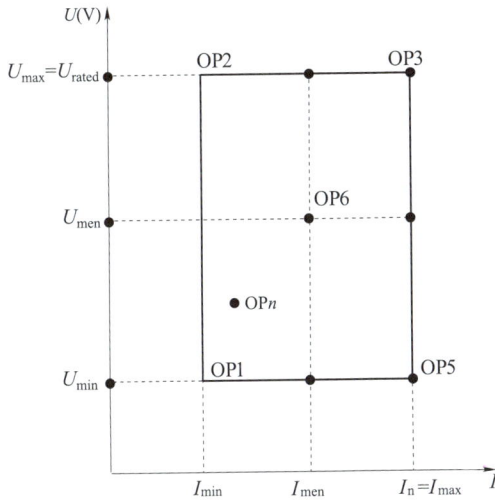

a）不具备恒功率充电功能

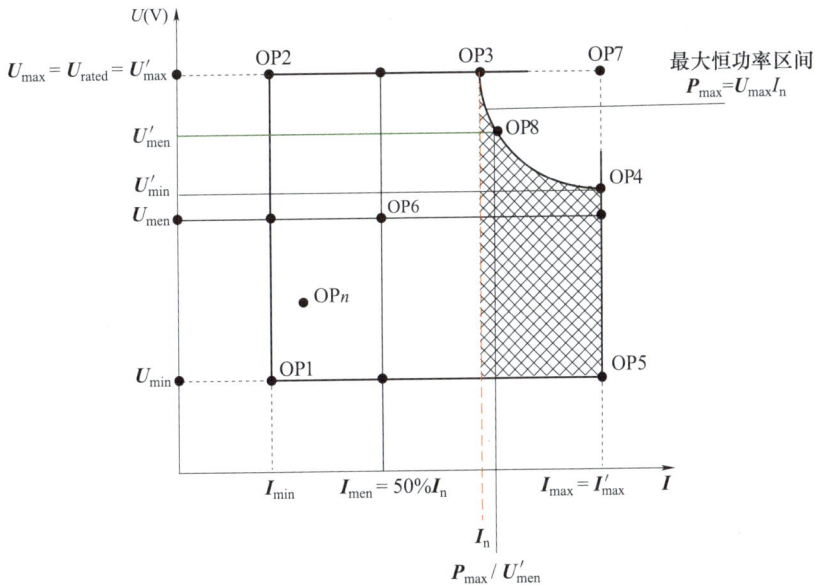

b）具备恒功率充电功能（以一段恒功率为例）

说明：

OPn—工作点 n，n=1，2，…；　　　　P_{max}—额定输出功率；

U_{max}—允许输出电压上限值；　　　　　U'_{max}—某一恒功率段上允许输出电压上限值；

U_{men}—允许输出电压中值；　　　　　　U'_{men}—某一恒功率段上允许输出电压中值；

U_{min}—允许输出电压下限值；　　　　　U'_{min}—某一恒功率段上允许输出电压下限值；

I_n—额定输出电流；　　　　　　　　　　I'_{max}—某一恒功率段上最大输出电流；

I_{max}—最大输出电流；　　　　　　　　 I_{men}—允许输出电流中值；

I_{min}—最小允许输出电流。

▨电流扩展区域

图 3　试验点参考图

5.12.2 最大恒功率输出试验

对具备恒功率充电功能的充电机,根据制造商声明的恒功率充电曲线进行测试。典型恒功率充电原理如图 3b) 所示。将充电机连接试验系统,输入电压为额定值,在电流扩展区域内,分别按照表 5 中规定的试验点设定输出电压,调整负载使输出电流增加至最大值,检查实际输出功率不小于 99% 的额定功率恒功率。试验过程中检查恒功率区间为一段连续区间,区间内不能存在任何负载点不满足恒功率。

5.12.3 功率控制试验

具备功率控制的充电机连接试验系统,输入电压为额定值,由上级监控系统或充电机设置当前最大输出功率分别为 25%、50%、75% 的额定输出功率或者根据制造商声明的恒功率充电策略进行设置,当前最大恒功率区间应符合 5.12.2 的规定,且实际输出功率误差的绝对值不应大于当前恒功率区间输出功率的 2%。

5.12.4 低压辅助电源试验

对于具有辅助电源的充电机,辅助电源电压应为(12±0.6)V,辅助电源额定电流为 10A。

a) 在充电过程中,人为模拟辅助电源输出过压故障,检查辅助电源应停止输出;

b) 在充电过程中,人为模拟辅助电源输出过流故障,检查辅助电源应停止输出;

c) 在充电过程中,人为模拟辅助电源输出短路故障,检查辅助电源应停止输出。

5.12.5 稳流精度试验

将充电机连接试验系统,并设置在恒流状态下运行,设定输出电流值,调整输入电压分别为 85%、100%、115% 额定值时,调整输出电压在上、下限范围内，分别测量充电机输出电流 I_z，找出上述变化范围内充电电流的极限值 I_M。在 20%额定输出电流～最大输出电流范围内改变输出电流设定值，重复上述测量。稳流精度不应超过±1%。

测得的稳流精度按公式（1）计算。

$$\delta_I = \frac{I_M - I_z}{I_z} \times 100\% \qquad （1）$$

式中：

δ_I——稳流精度；

I_z——交流输入电压为额定值且输出电压在上、下限范围内的中间值时，输出电流的测量值；

I_M——输出电流的极限值。

注：对于不具备恒功率功能的充电机，其最大输出电流等于额定输出电流，下同。

5.12.6 稳压精度试验

将充电机连接试验系统，并设置在恒压状态下运行，设定输出电压值，调整输入电压分别为 85%、100%、115%额定值时，调整负载电流为 0A～最大输出电流范围内，分别测量充电机的输出电压 U_z，找出上述变化范围内充电机输出电压的极限值 U_M。在上、下限范围内改变输出电压设定值，重复上述测量。稳压精度不应超过±0.5%。

测得的稳压精度按公式（2）计算。

$$\delta_U = \frac{U_M - U_z}{U_z} \times 100\% \qquad （2）$$

式中：

δ_U ——稳压精度；

U_z ——交流输入电压为额定值且负载电流为 50%的额定输出电流时，输出电压的测量值；

U_M ——输出电压的极限值。

5.12.7 电压纹波因数试验

将充电机连接试验系统，负载为阻性负载，并设置在恒压状态下运行，设定输出电压值，调整输入电压分别为 85%、100%、115%额定值时，调整负载电流为 0A～最大输出电流范围内，分别测量直流输出电压、输出电压的交流分量峰峰值。在上、下限范围内改变输出电压设定值，重复上述测量。电压纹波因数试验用示波器要求：频带宽 20MHz，水平扫描速度 0.5s/DIV。电压纹波因数不应超过 1%。

电压纹波因数按公式（3）计算：

$$X_{rip} = \frac{1}{2} \times \frac{U_{pp}}{U_{DC}} \times 100\% \qquad （3）$$

式中：

X_{rip}——电压纹波因数；

U_{pp}——输出电压交流分量峰峰值；

U_{DC}——直流输出电压平均值。

5.12.8 电流纹波试验

将充电机连接试验系统，负载为电池模拟装置，输入电压为额定值，并设置在恒流状态下运行，设定输出电流分别在额定输出电流和最大输出电流（仅对具备恒功率充电功能的充电机），分别测量直流输出电流、输出电流的交流分量峰峰值。电流纹波试验用示波器要求：频带宽度至少 20MHz，水平扫描速度至少 1MS/s，记录长度至少 1M 点，记录宽度至少 1.1s。电流探头要求：额定电流至少达到充电机最大输出电流，频带宽度至少 300kHz，测量精度±1%。电流纹波应符合 NB/T 33001—2018 中 7.7.7 的规定。

5.12.9 输出电流设定误差试验

将充电机连接试验系统，并设置在恒流状态下运行，输入电压为额定值，设定输出电流在 20%额定输出电流至最大输出电流范围内，调整输出电压在上、下限范围内的中间值，分别测量充电机的输出电流 I_z。在充电机设定的输出电流大于等于 30A 时，输出电流误差不应超过±1%；在充电机设定的输出电流小于 30A 时，输出电流误差不应超过±0.3A。

测得的输出电流误差按公式（4）计算。

$$\Delta I = \frac{I_z - I_{zo}}{I_{zo}} \times 100\% \tag{4}$$

式中：

ΔI ——输出电流误差；

I_z ——交流输入电压为额定值且输出电压在上、下限范围内的中间值时，输出电流的测量值；

I_{zo} ——设定的输出电流。

5.12.10 输出电压设定误差试验

将充电机连接试验系统，并设置在恒压状态下运行，输入电压为额定值，设定输出电压在上、下限范围内，调整负载电流为 50% 额定输出电流，分别测量充电机的输出电压 U_z。输出电压误差不应超过 $\pm 0.5\%$。

测得的输出电压误差按公式（5）计算。

$$\Delta U = \frac{U_z - U_{zo}}{U_{zo}} \times 100\% \tag{5}$$

式中：

ΔU ——输出电压误差；

U_z ——交流输入电压为额定值且负载电流为 50% 的额定输出电流时，输出电压的测量值；

U_{zo} ——设定的输出电压。

5.12.11 限压特性试验

将充电机连接试验系统，并设置在恒流状态下运行，调整负载使输出电压增加，当输出电压超过设定值时，检查充电机应自动降低输出电流，从而限制输出直流电压的增加；当输出电压回调到设定值以下时，检查充电机应恢复恒流状态运行。

5.12.12 限流特性试验

将充电机连接试验系统，并设置在恒压状态下运行，调整负载使输出电流增加，当输出电流超过设定值时，检查充电机应自动降低输出电压，从而限制输出直流电流的增加；当输出电流回调到设定值以下时，检查充电机应恢复恒压状态运行。

5.12.13　输出电流响应时间试验

将充电机连接试验系统，并设置在恒流状态下运行，按照 GB/T 34657.1—2017 中 6.3.5.3 规定的方法进行试验，试验结果应符合对应合格评判的规定。

5.12.14　输出电流停止速率试验

将充电机连接试验系统，按照 GB/T 34657.1—2017 中 6.3.5.4 规定的方法进行试验，试验结果应符合对应合格评判的规定。

5.12.15　启动输出过冲试验

将充电机连接试验系统，在预充电后进入充电阶段、从暂停状态恢复充电状态时，用测量仪器记录充电机输出峰值电压和电流，稳压状态进入充电过程中，检查充电机输出电压的过冲量不应超过电池充电需求报文中电压需求的 5%；稳流状态进入充电过程中，电池充电需求报文中电流需求大于等于 30A 时，检查输出电流过冲不应大于需求值的 5%；需求电流小于 30A 时，检查输出电流过冲不应大于 1.5A。

5.12.16　输出电流测量误差试验

将充电机连接试验系统，并设置在恒流状态下运行，输入电压为额定值，设定充电需求报文中输出电流在 20% 额定输出电流～最大输出电流范围内，调整输出电压在上、下限范围内的中间值，分别测量充电机的实际输出电流 I_m，并记录充电机充电状态报文中的电流输出值 I_{cm}。输出电流测量误差不应超过 ±（$1.5\% I_m$+1）A。

输出电流测量误差按公式（6）计算。

$$\Delta I = I_{cm} - I_m \qquad (6)$$

式中：

ΔI ——输出电流测量误差，单位为安培（A）；

I_{cm} ——充电机充电状态报文中输出电流，单位为安培（A）；

I_m ——充电机实际输出电流测量值，单位为安培（A）。

5.12.17　输出电压测量误差试验

将充电机连接试验系统，并设置在恒压状态下运行，输入电压为额定值，设定充电需求报文中输出电压值在额定输出电压范围内，调整负载电流为 50%额定输出电流，分别测量充电机的实际输出电压 U_m，并记录充电机充电状态报文中的输出电压 U_{cm}。输出电压测量误差不应超过 $\pm 5V$。

输出电压测量误差按公式（7）计算。

$$\Delta U = U_{cm} - U_m \tag{7}$$

式中：

ΔU ——输出电压测量误差，单位为伏特（V）；

U_{cm} ——充电机充电状态报文中输出电压，单位为伏特（V）；

U_m ——充电机实际输出电压测量值，单位为伏特（V）。

5.12.18　测量值更新时间试验

将充电机连接试验系统，负载为电池模拟装置，测量值更新时间如图 4 所示，设置在恒流状态下运行，利用车辆电池管理系统模拟软件发送电池充电需求报文电流为 I_0，然后改变电流为 I_N，在整个过程中记录充电机实际输出电流的变化和充电机充电状态报文中电流，将充电机实际输出电流 I_{NZ} 的时间设为 T_0，记录充电机发送的充电状态报文中电流输出 I_{NC} 的时间为 T_N，检查充电机发送的充电状态报文的测量值更新时间（$T_N - T_0$）不应大于 1s。充电机实际输出电流 I_{NZ} 的设定误差应符合 5.12.9 的规定，充电机发送的充电状态报文中电流输出值 I_{NC} 的测量误差应符合 5.12.16 的规定。

5.12.19　效率试验

将充电机连接试验系统，设置在恒压状态下运行，输入额定电压，设定输出电压为上限值，调整负载电流为 20%额定输出电流～最大输出电流范围

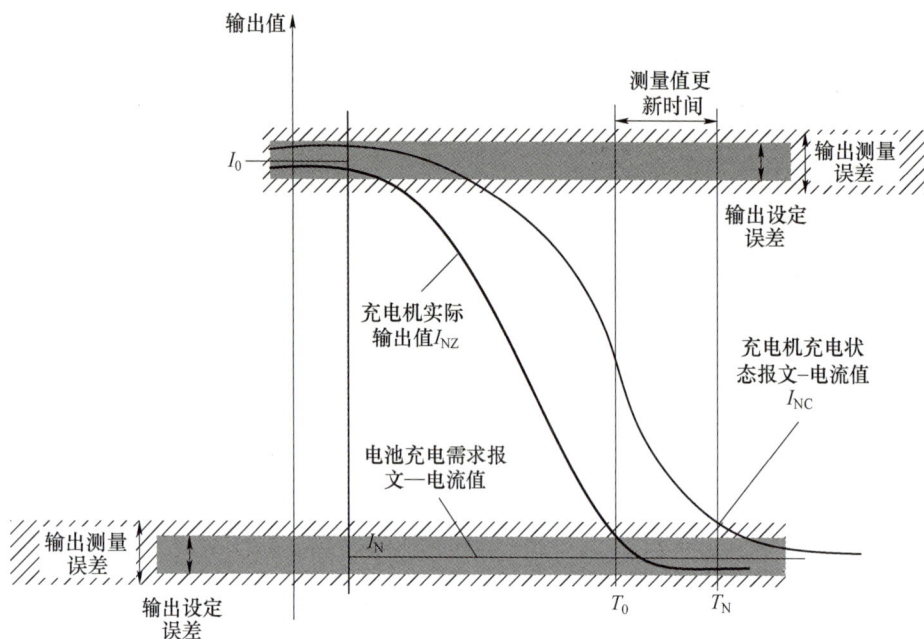

图 4　测量值更新时间

内，测量充电机的输入有功功率和输出功率；调整充电机在恒流状态下运行，输入额定电压，设定输出电流为 20%额定输出电流～最大输出电流范围内，在上、下限范围内改变输出电压设定值，再次测量充电机的输入有功功率和输出功率。充电机效率应符合表 6 的规定。

充电效率按公式（8）计算。

$$\eta = \frac{P_d}{P_a} \times 100\% \qquad (8)$$

式中：

η　——效率；

P_d　——直流输出功率；

P_a　——交流输入有功功率。

5.12.20　功率因数试验

将充电机连接试验系统，并设置在恒压状态下运行，输入额定电压，设定输出电压为上限值，调整负载电流为 20%额定输出电流～最大输出电流范围内，测量充电机的输入功率因数；调整充电机在恒流状态下运行，输入额定电压，设定输出电流为 20%额定输出电流～最大输出电流范围内，在上、下限范围内改变输出电压设定值，再次测量充电机的输入功率因数。充电机功率因数应符合表 6 的规定。

表 6　充电机效率、输入功率因数

实际输出功率 P_O/额定输出功率 P_N	效率	输入功率因数
$20\% \leqslant P_O/P_N \leqslant 50\%$	≥88%	≥0.95
$50\% < P_O/P_N \leqslant 100\%$	≥93%	≥0.98
注 1：输入功率因数要求仅对交流供电充电机有要求。 注 2：具备恒功率功能的充电机，效率测试点应至少涵盖充电机恒功率段输出电压最大值、中间值、最小值三点。		

5.13　待机功耗试验

在额定输入电压下，充电机不连接试验系统且无人员操作，仅保留其后台通信、状态指示灯等基本功能的状态，测量充电机的待机功耗不应大于 $N×50W$。

注：N 表示车辆接口数量。

5.14　协议一致性试验

将充电机连接试验系统，按照 GB/T 34658—2017 规定的方法进行试验，试验结果应符合 GB/T 27930—2015 和 GB/T 34658—2017 的相关规定。对于一机多充式充电机，应对每个车辆接口分别进行协议一致性试验。

5.15　控制导引试验

5.15.1　充电控制状态试验

将充电机连接试验系统，按照 GB/T 34657.1—2017 中 6.3.2 规定的方法进行试验，试验结果应符合对应合格评判的规定。对于一机多充式充电机，应对每个车辆接口分别进行试验，各接口的控制导引功能应该独立运行完全隔离。

5.15.2　充电连接控制时序试验

将充电机连接试验系统，按照 GB/T 34657.1—2017 中 6.3.3 规定的方法进行试验，试验结果应符合对应合格评判的规定。

5.15.3 控制导引电压限值试验

将充电机连接试验系统，按照 GB/T 34657.1—2017 中 6.3.6 规定的方法进行试验，试验结果应符合对应合格评判的规定。

5.15.4 通信中断试验

将充电机连接试验系统，按照 GB/T 34657.1—2017 中 6.3.4.1 规定的方法进行试验，试验结果应符合对应合格评判的规定。

5.15.5 保护接地导体连续性试验

将充电机连接试验系统，按照 GB/T 34657.1—2017 中 6.3.4.6 规定的方法进行试验，试验结果应符合对应合格评判的规定，且电子锁解锁时车辆接口电压不应超过 60V DC。

5.15.6 连接检测信号断开试验

将充电机连接试验系统，按照 GB/T 34657.1—2017 中 6.3.4.2、6.3.4.3 规定的方法进行试验，试验结果应符合对应合格评判的规定，且电子锁解锁时车辆接口电压不应超过 60V DC。

5.15.7 输出冲击电流试验

将充电机连接试验系统，充电机在闭合 K1 和 K2（如预充电后进入充电阶段、从暂停状态恢复充电状态（对暂停状态需要打开 K1 和 K2 的充电机）时，产生的冲击电流（峰值）应控制在 20A 以下。

5.15.8 蓄电池电压与通信报文不符试验

将充电机连接试验系统，在充电参数配置阶段，模拟 K1 和 K2 外侧电压与通信报文中整车动力蓄电池当前电池电压之差的绝对值大于整车动力蓄电池当前电池电压的 5%，闭合 K5 和 K6，充电机不应允许充电，并发出告警提示。

5.15.9　蓄电池电压超过充电机范围试验

将充电机连接试验系统，在充电参数配置阶段，模拟 K1 和 K2 外侧电压不在充电机正常输出电压范围内（外侧电压小于充电机最低输出电压或大于充电机的额定输出电压），闭合 K5 和 K6，充电机不应允许充电，并发出告警提示。

5.15.10　蓄电池二重保护功能试验

将充电机连接试验系统，在充电过程中，模拟外侧电压超出车辆最高允许充电总电压，或模拟输出电流大于车辆当前需求电流，检查充电机应在 1s 内断开接触器 K1 和 K2，并发出告警提示。

5.15.11　车辆最高允许充电总电压不匹配试验

将充电机连接试验系统，模拟车辆握手报文中最高允许充电总电压值小于充电机最低输出电压，启动充电，充电机应停止绝缘检测过程，并发出告警提示。

5.15.12　充电需求大于蓄电池参数试验

将充电机连接试验系统，在充电过程中，利用车辆电池管理系统模拟软件发送的电池充电需求参数大于车辆最高允许充电总电压和/或最高允许充电电流时，充电机应停止充电，并发出告警提示。

5.16　噪声试验

将充电机放置在半消音室内，外部连接试验系统，按照充电接口参数设定负载后稳定运行。距充电机前、后、左、右水平位置 1m 处，离地面高度 1m～1.5m 处测量噪声，测得的噪声最大值应符合表 7 的要求。根据不同的安装场所，充电机在使用时的噪声要符合相关法律法规的要求。

表 7　噪 声 级 别 要 求

噪声等级	噪声最大值 dB
Ⅰ级	≤55
Ⅱ级	55～80
Ⅲ级	>80

5.17　内部温升试验

参考环境空气温度为 25℃，在充电机被测部位安装测温元件，位置包括动力电源输入电流所流经的回路，如接线端子、输入断路器、输入接触器等；功率变换单元及其内部元器件、输入输出端子；直流输出电流所流经的回路，如接线端子、直流熔断器、直流接触器、功率电阻、电流采样分流器、车辆插头等。温度可用融化颗粒、变化指示器或热电偶进行测量，这些测量元件应放置到对被测定温度影响可忽略不计的地方。将柜门关好，将充电机连接试验系统，输入额定电压，并设置在最大输出电流下运行，使各发热元件的温度逐渐升至热稳定，热稳定的定义参见 GB/T 2421.1—2008 中 4.8 的规定，温升试验应符合表 8 的规定。

表 8　充电机内部各部件极限温升

内部测试点	极限温升 K
动力电源输入端子	50
输入断路器、接触器接线端子	50
塑料绝缘线	25
充电模块输入输出连接端子	50
功率电阻	25（距外表 30mm 处空间）
电流采样分流器端子连接处	70
熔断器端子连接处	70
直流接触器外壳与极柱	50
直流输出接线端子	50

5.18　允许温度试验

将充电机连接试验系统，环境温度为 40℃，按照充电接口设定负载后稳定运行，测量充电机可触及部分最高允许温度应符合表 9 的规定。

表 9 充电机可触及部分的最高允许温度

可触及部分	可接触部分材料	最高允许温度 ℃
手握可接触部分	金属材料	50
	非金属材料	60
可触及但非手握部分	金属材料	60
	非金属材料	85

5.19 机械强度试验

按照 GB/T 2423.55—2006 的规定进行试验，剧烈冲击能量为 20J，使用撞击元件等效质量 5kg，跌落高度 0.4m。在充电机每个支撑部件的垂直面选取 3 个不同部位分别进行摆锤试验，再在充电机水平面选取 3 个不同部位进行垂直落锤试验，试验后充电机耐湿热性能不应降低，防护等级不受影响，门的操作和锁止点不应损坏，不会因变形而使带电部分与外壳相接触。机械强度试验后再进行防护等级试验和交变湿热试验。

5.20 防护等级试验

5.20.1 防止固体异物进入试验

按照 GB/T 4208 的方法进行防止固体异物进入充电机壳体试验。

a）室外使用或室内暴露于污染的工业环境的充电机满足 IP5X 要求，将充电机放入密闭试验箱内进行试验，密闭试验箱内的粉末循环泵使滑石粉悬浮，滑石粉用金属方孔孔筛滤过，滑石粉用量按试验箱容积计算 2kg/m³，试验持续 8h。试验后，观察滑石粉沉积量及沉积地点，应不足以影响充电机的正常操作或安全，并且通电后充电机运行正常。

b）室内使用的充电机应满足 IP3X 要求，将直径 2.5mm 边缘无毛刺的试棒以 3.0N 的试验用力推入充电机外壳开口处，试具的直径不能通过充电机任何开口处。

c) 对于分体式充电机，根据不同柜体的具体安装要求（室外使用或室内使用或室内暴露于污染的工业环境）进行上述相应试验。

5.20.2 防止水进入试验

按照 GB/T 4208 的方法进行防止水进入充电机壳体试验。

a) 室外使用或室内暴露于污染的工业环境的充电机满足 IPX4 要求，可进行摆管喷水试验或喷头淋水试验。试验后，检查充电机壳内无明显积水，或有进水但不应影响充电机的正常操作或破坏安全性，且通电后充电机运行正常。

　　1) 摆管喷水试验。将充电机放在摆管下，使摆管与垂直方向±180°的范围内进行淋水，摆管最大半径 1.6m，充电机与摆管最大距离 0.2m，摆管每孔流量 0.07L/min，试验持续 10min。

　　2) 喷头淋水试验。使用喷头对充电机进行淋水试验，水流量 12.5L/min，压力在 50kPa～150kPa 的范围内。试验期间压力应维持恒定，喷头需要除去平衡重物的挡板，使充电机外壳各个可能的方向都受到溅水，试验时间按充电机外壳表面积计算 $1min/m^2$，最少 5min。

b) 室内使用的充电机满足 IPX2 要求，将充电机固定在滴水台上，外壳在四个固定的位置在两个互相垂直的平面上与垂线各倾斜 15°，滴水流量 3mm/min，每一个倾斜位置持续试验 2.5min，试验后，检查充电机内无明显积水，或有进水但不应影响充电机的正常操作或破坏安全性，且通电后充电机运行正常。

c) 对于分体式充电机，根据不同柜体的具体安装要求（室外使用或室内使用或室内暴露于污染的工业环境）进行上述相应试验。

5.21 防盐雾试验

按照 GB/T 2423.17—2008 的方法进行试验，试验前将充电机内印刷线路板、接插件等部件进行清洁，尽量避免手接触试样表面。将试样放入盐雾试验箱，试验所使用的盐为高品质的氯化钠；干燥时，碘化钠的含量不超过

0.1%，杂质的总含量不超过 0.3%。盐溶液的浓度为（5±1）%（质量比），可通过将质量为（5±1）份的盐溶解在质量为 95 份的蒸馏水或去离子水中。试验中试验箱内温度为（35±2）℃，pH 值维持在 6.5～7.2 内，持续时间 48h。试验后小试样应在自来水下冲洗 5min，然后用蒸馏水或者去离子水冲洗，然后晃动或用气流干燥去掉水滴。试样在标准恢复条件下放置，不少于 1h，且不超过 2h。试验后进行目视检查试样表面盐沉积量，且符合 NB/T 33001—2018 中 7.3.2 的规定。安装后不应影响充电机正常操作或破坏安全性，且通电后充电机运行正常。

5.22　防锈（防氧化）试验

选取充电机铁质外壳、暴露的铁制支架、零件以及非铁质的金属外壳等代表性试样或部件浸入四氯化碳、三氯乙烷或等效脱脂剂中浸泡 10min，去除所有的油脂，然后将部件浸入温度为（20±5）℃的氯化铵含量为 10%的水溶液中 10min。将试样上的液滴甩掉，但不擦干，然后将试样放进装有温度为（20±5）℃的饱和水汽的空气的容器中，时间为 10min。将试样置于温度为（100±5）℃的加热容器中烘干 10min，再置于室温 24h，试样表面应无任何锈迹。边缘上的锈迹和可擦掉的任何黄印可以忽略不计。

如果充电机使用的外壳材料符合防锈（防氧化）相关要求，且没有对其进行过降低外壳性能的更改，则不需要按照 5.22 再进行外壳的试验。

5.23　低温试验

充电机放入环境试验箱，按照 GB/T 2423.1—2008 的"试验 Ad：散热试验样品温度渐变的低温试验"要求，试验温度：−20℃（室外型）或−5℃（室内型），待环境试验箱达到试验温度稳定后，按照充电接口参数设定负荷后稳定运行，检查充电机应能正常工作，试验温度持续 2h 后，在试验环境下按 5.12.5 规定的方法进行稳流精度试验。

> 注：正常工作是指充电机的充电、通信、显示及各项保护功能都应正常，不允许有功能丧失，下同。

5.24 高温试验

充电机放入环境试验箱，按照 GB/T 2423.2—2008 的"试验 Bd：散热试验样品温度渐变的高温试验"要求，试验温度：50℃，待环境试验箱达到试验温度稳定后，按照充电接口参数设定负载后稳定运行，检查充电机应能正常工作，试验温度持续 2h 后，在试验环境下按 5.12.5 规定的方法进行稳流精度试验。

5.25 交变湿热试验

充电机放入环境试验箱，按照 GB/T 2423.4—2008 的"试验 Db：交变温热（12h+12h 循环）"要求，试验温度：40℃，循环次数：2 次。在湿热试验结束前 2h 进行绝缘电阻和介电强度复试，绝缘电阻不应小于 1MΩ，介电强度按要求的 75%施加测量电压。试验结束后，在环境箱内恢复至正常大气条件，通电后检查充电机应能正常工作。

5.26 电磁兼容试验

5.26.1 概述

充电机应符合本章节规定的电磁兼容试验以及抗扰度要求和发射要求。本章节规定的所有电磁兼容试验项目可按照任何顺序进行试验。本章节涉及的电磁兼容要求是基于充电机的端口和安装使用环境给出的。充电机端口主要分为外壳端口、交流电源输入端口、信号/控制端口、有线网络端口和传导电能传输端口（以下简称 CPT 端口），各端口定义详见 GB/T 18487.2—2017 的 3.1。制造商应说明充电机的安装使用环境。当制造商未规定充电机的预期使用的环境时，应实施最严格的发射和抗扰度试验，即采用最低的发射限值和最高的抗扰度试验等级。

5.26.2 抗扰度试验

所有试验应使用由制造商提供的典型的充电机和通信电缆（在 CPT 端口）。若充电机未提供电缆，试验应在电缆的典型长度下进行。

5.26.3　试验要求

充电机的 CPT 端口应连接到辅助设备（简称 AE），该 AE 包括由人工网络（AN）和/或阻抗稳定网络（ISN）所形成的试验系统，并与可调电阻负荷相连。若充电机具有大量类似端口或连接器的端口，则应选择足够数量的端口来模拟实际运行状况，并确保覆盖了所有不同类型的终端，如所有端口数量的 20%或至少 4 个端口。

5.26.4　测试过程中的操作条件

试验计划中应规定充电机的配置和运行模式，且试验报告中应准确记录试验时的实际条件。试验应在充电机规定的工作范围和额定输入电压下实施，试验中应对待机模式和充电模式两种运行模式进行评估。

5.26.5　抗扰度试验

5.26.5.1　概述

充电机应考虑在待机模式和充电模式两种运行模式下进行试验，详见表 10 和表 11。在充电模式下进行试验时应调节阻性负载，使得充电机在额定输出电压情况下，试验在额定功率的 50%下进行。

5.26.5.2　试验要求

根据充电机安装使用环境，在非住宅环境中使用的充电机试验要求见表 10，在住宅环境中使用的充电机试验要求见表 11。后续表中所有提及的"信号/控制端口"均指充电机的电源输入侧的端口。充电机电源输出和负载侧无浪涌抗扰度要求，除非制造商说明书中规定的典型充电电缆超过 30m。

5.26.5.3　性能判据

充电机制造商应提供电磁兼容试验过程中或试验后的功能描述和性能判据定义。

表 10 充电机抗扰度要求（非住宅环境）

试验项目	参考标准	试验端口	受试设备的工作模式	试验要求	单位	性能判据	备注
静电放电抗扰度	GB/T 17626.2	外壳	待机和充电模式	±6（接触） ±8（空气）	kV kV	B	—
射频电磁场辐射抗扰度	GB/T 17626.3	外壳	待机和充电模式	10 （80MHz～1GHz， 1.4GHz～2.7GHz）	V/m	A	规定的未调制载波值为试验等级为有效值
电快速瞬变脉冲群抗扰度	GB/T 17626.4	交流电源输入	待机和充电模式	±4 5/50 100	kV Tr/Th，ns 重复频率，kHz	B	—
		有线网络和信号/控制	待机和充电模式	±2 5/50 100	kV Tr/Th，ns 重复频率，kHz	B	仅适用于连接线缆总长超过3m的端口
		CPT	待机模式	±2 5/50 100	kV Tr/Th，ns 重复频率，kHz	B	仅适用于连接线缆总长超过30m的端口
浪涌抗扰度	GB/T 17626.5	交流电源输入	待机和充电模式	1.2/50（8/20） 共模±4 差模±2	μs kV kV	B	电压逐级施加
		有线网络和信号/控制	待机和充电模式	1.2/50（8/20） 共模±2 差模±1	μs kV kV	B	（1）电压逐级施加； （2）仅适用于连接线缆总长超过30m的端口
射频场感应的传导骚扰抗扰度	GB/T 17626.6	交流电源输入	待机和充电模式	10 （0.15MHz～80MHz）	V（rms）	A	—

表10（续）

试验项目	参考标准	试验端口	受试设备的工作模式	试验要求	单位	性能判据	备注
射频场感应的传导骚扰抗扰度	GB/T 17626.6	有线网络和信号/控制	待机和充电模式	10（0.15MHz~80MHz）	V（rms）	A	仅适用于连接线缆总长超过30m的端口
		CPT	待机和充电模式	10（0.15MHz~80MHz）	V（rms）	A	仅适用于连接线缆总长超过30m的端口
电压暂降和短时中断抗扰度	GB/T 17626.11（≤16A） GB/T 17626.34（>16A）	交流电源输入	待机和充电模式	40%，持续10周期 70%，持续25周期 80%，持续250周期 0%，持续250周期	—	B B B C	—
工频磁场抗扰度	GB/T 17626.8	外壳	待机和充电模式	30（32A以下系统） 100（32A以上系统）	A/m A/m	A	仅适用于包含对磁场敏感装置的设备

表11 充电机抗扰度要求（住宅环境）

试验项目	参考标准	试验端口	受试设备的工作模式	试验要求	单位	性能判据	备注
静电放电抗扰度	GB/T 17626.2	外壳	待机和充电模式	±6（接触） ±8（空气）	kV kV	B	—
射频电磁场辐射抗扰度	GB/T 17626.3	外壳	待机和充电模式	3 （80MHz~1GHz， 1.4GHz~2.7GHz）	V/m	A	规定的未调制载波值为有效值
电快速瞬变脉冲群抗扰度	GB/T 17626.4	交流电源输入	待机和充电模式	±2 5/50 100	kV Tr/Th，ns 重复频率，kHz	B	—

表11（续）

试验项目	参考标准	试验端口	受试设备的工作模式	试验要求	单位	性能判据	备注
电快速瞬变脉冲群抗扰度	GB/T 17626.4	有线网络和信号/控制	待机和充电模式	±2 5/50 100	kV Tr/Th，ns 重复频率，kHz	B	仅适用于连接线缆总长超过3m的端口
		CPT	待机模式	±2 5/50 100	kV Tr/Th，ns 重复频率，kHz	B	仅适用于连接线缆总长超过30m的端口
浪涌抗扰度	GB/T 17626.5	交流电源输入	待机和充电模式	1.2/50（8/20） 共模±2 差模±1	μs kV kV	B	电压逐级施加
		有线网络和信号/控制	待机和充电模式	1.2/50（8/20） 共模±2 差模±1	μs kV kV	B	（1）电压逐级施加； （2）仅适用于连接线缆总长超过30m的端口
射频场感应的传导骚扰抗扰度	GB/T 17626.6	交流电源输入	待机和充电模式	3 （0.15MHz～80MHz）	V（rms）	A	—
		有线网络和信号/控制	待机和充电模式	3 （0.15MHz～80MHz）	V（rms）	A	仅适用于连接线缆总长超过30m的端口
		CPT	待机和充电模式	3 （0.15MHz～80MHz）	V（rms）	A	仅适用于连接线缆总长超过30m的端口
电压暂降和短时中断抗扰度	GB/T 17626.11（≤16A） GB/T 17626.34（>16A）	交流电源输入	待机和充电模式	40%，持续10周期 70%，持续25周期 80%，持续250周期 0%，持续250周期	—	B B B C	
工频磁场抗扰度	GB/T 17626.8	外壳	待机和充电模式	30（32A以下系统） 100（32A以上系统）	A/m A/m	A	仅适用于包含对磁场敏感装置的设备

a) 性能判据 A。试验实施的过程中或试验后，充电机应在制造商所定义的容许范围内，按照预期继续运行。其运行状态不允许改变（即充电模式下继续保持充电，待机模式下保持闲置状态）。

注：状态的改变包括充电电流的任意变化（超过制造商定义的容许范围）。

b) 性能判据 B。试验完成后，充电机应在制造商所定义的容许范围内，按照预期继续运行。此外，在试验实施过程中，应保持充电机的主要功能（在制造商所定义的容许范围内）。次要功能（包括显示等）在试验过程中允许性能降级，但应在试验后恢复到初始状态。试验实施后，充电机不应改变其运行状态（即充电模式下继续保持充电，待机模式卜保持闲置状态）。

注 1：状态的改变包括充电电流的任意变化（超过制造商定义的容许范围）。

注 2：对于电压暂降和短时中断抗扰度测试，如果进行了充电过程中规定的人工操作，如刷卡或者充电启动等，可视为符合性能判据 B。

c) 性能判据 C。试验实施的过程中和试验后，充电机变化到故障保护状态。如已符合 GB/T 18487.1—2015 中定义的安全要求，这种状态需要用户干预以重启充电或自动恢复充电。

5.26.6 发射试验

5.26.6.1 概述

发射试验均在充电模式下进行，调节阻性负载，使得充电机在额定输出电压情况下，发射测量在功率分别为额定功率的 20%、50% 和 80% 状态下进行。

5.26.6.2 低频骚扰的限值和试验条件

表 12 规定了低频骚扰现象的评估要求。

5.26.6.3 射频骚扰的限值和试验条件

基于本部分的目的，充电机按照其应用环境进行分类。这些定义详见 GB

4824—2013 第 5 章并汇总如下：

表 12 低频骚扰现象的评估要求

试验项目	参考标准	试验端口	备注
谐波电流	GB 17625.1（每相额定电流≤16A）GB 17625.8（每相额定电流＞16A 且≤75A）	交流电源输入	谐波电流仅适用于下列类别中的充电机： ——额定电压小于等于 220V，单相，三线； ——额定电压 380V，三相，五线； ——额定频率 50Hz。 对于每相输入电流大于 75A 的充电机，由于限值和测量方法尚在考虑中，其测量建议在每相输入电流不大于 75A 的最大模块数量配置下进行
电压波动和闪烁	GB/T 17625.2（每相额定电流≤16A）GB/T 17625.7（每相额定电流＞16A 且≤75A）	交流电源输入	—

a) A 类设备是非家用和不直接连接到住宅低压供电网设施中使用的设备。A 类设备应满足 A 类限值。对于 A 类设备，产品附带的使用说明书应包含以下警告：此设备不能应用于居住环境，在这类环境中可能无法对无线电通信提供充分的保护。

b) B 类设备是家用设备和直接连接到住宅低压供电网设施中使用的设备。B 类设备应满足 B 类限值。

表 13 规定了射频骚扰的评估要求。

表 13 射频骚扰的评估要求

试验项目	参考标准	试验端口	备注
传导骚扰（150kHz～30MHz）	GB 4824—2013	交流电源输入	对于任何 A 类或 B 类设备骚扰电压限值见 GB 4824—2013 中的表 2 或表 3
	GB/T 18487.2—2017 8.3.3	CPT	—
	GB/T 18487.2—2017 8.3.4	有线网络和信号/控制端口	（1）单独连接到 CAN 总线的网络端口无需进行符合性验证； （2）充电机的有线网络端口，如它们将连接到公共交换电话网络（PSTN）的物理用户线，需要进行测量； （3）充电机的信号/控制端口，若它们将连接到本地监督或电力调度系统，旨在通过多个本地供电设备进行电源传输管理，需要进行测量

表 13（续）

试验项目	参考标准	试验端口	备注
辐射骚扰 （2kHz～ 185kHz）	GB/T 18487.2—2017 8.3.5.1	外壳	保护车辆无钥匙进入系统的要求
辐射骚扰 （30MHz～ 1GHz）	GB 4824—2013	外壳	对于任何类型 A 类或 B 类设备，辐射骚扰限值分别见 GB 4824—2013 中的表 4 或表 5

附　录　A

（资料性附录）

电池模拟测试装置

A.1　电池模拟测试装置原理

根据 IEC 61851-23 中 102.2.3 的规定，电池模拟测试装置原理如图 A.1 所示。

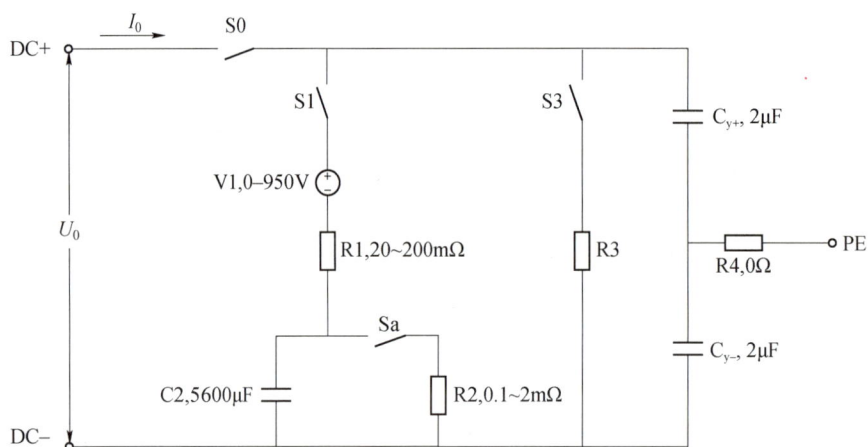

说明：

C_{y+}—Y—电容（正极对地）；

C_{y-}—Y—电容（负极对地）；

C2—模拟动力电池电容；

I_0—充电机输出电流；

U_0—充电机输出电压；

V1—理想电压源；

R1、R2—可调电阻，用于设置工作电压点；

R3—用于模拟车辆内部负载，具体值待定；

R4—用于模拟正极与负极、正极与地、负极与地之间的电压浪涌的电阻；

PE—保护导体；

S0，S3，Sa—接触器（开关）。

图 A.1　电池模拟测试装置原理

NB/T 33008.2—2018
《电动汽车充电设备检验试验规范
第 2 部分：交流充电桩》

目　次

前　　言

NB/T 33008《电动汽车充电设备检验试验规范》分为 2 个部分：

——第 1 部分：非车载充电机；

——第 2 部分：交流充电桩。

本部分为 NB/T 33008 的第 2 部分。

本部分代替 NB/T 33008.2—2013《电动汽车充电设备检验试验规范　第 2 部分：交流充电桩》。与 NB/T 33008.2—2013 相比，除编辑性修改外主要技术变化：

——对"1　范围"做了修改，明确了与 NB/T 33002—2018《电动汽车交流充电桩技术条件》之间的关系；

——对"4　检验规则"的"到货验收"和表 1 做了修改，更新了试验项目表；

——对"5　试验方法"的"一般检查"做了修改，增加了外观检查（见 5.2.1）、标志检查（见 5.2.2）、基本构成检查（见 5.2.3）、机械开关设备检查（见 5.2.4）、防盗措施检查（见 5.2.5）；

——对"5　试验方法"的"功能试验"做了修改，增加了充电连接装置检查（见 5.3.2）、锁止装置检查（见 5.3.3）、计量功能试验（见 5.3.6）；

——对"5　试验方法"的"安全要求试验"做了修改，增加了输出短路保护试验（见 5.4.1）、接触器粘连监测试验（见 5.4.4）、接触电流试验（见 5.4.5）、漏电保护试验（见 5.4.6）；

——对"5　试验方法"的"控制导引试验"做了修改，增加了充电控制状态试验（见 5.14.1）、充电连接控制时序试验（见 5.14.2）、控制导引电压限值试验（见 5.14.3）、保护接地连续性试验（见 5.14.4）、控制导引信号异常试验（见 5.14.5）、断开开关 S2 试验（见 5.14.6）；

——增加了充电模式和连接方式检查（见 5.5）、电缆管理及贮存检查（见 5.6）、内部温升试验（见 5.7）、允许温度试验（见 5.8）、电气间隙和爬电距离试验（见 5.10）、接地试验（见 5.12）、待机功耗试验（见 5.13）、噪声试验（见 5.15）、防盐雾试验（见 5.18）、防锈（防氧化）试验（见 5.19）、交变湿热试验（见 5.22），修改了电磁兼容试验（见 5.23）。

请注意本文件的某些内容可能涉及专利。本文件的发布机构不承担识别这些专利的责任。

本部分由中国电力企业联合会提出。

本部分由能源行业电动汽车充电设施标准化技术委员会（NEA/TC 3）归口。

本部分主要起草单位：国家电网有限公司、中国电力企业联合会、国网电力科学研究院有限公司。

本部分参加起草单位：国网电动汽车服务有限公司、中国汽车技术研究中心有限公司、深圳奥特迅电力设备股份有限公司、中国电力科学研究院有限公司、国网浙江省电力有限公司、国网山东省电力公司、国网重庆市电力有限公司、许继集团有限公司、上海电器科学研究院、威凯检测技术有限公司、许昌开普检测研究院股份有限公司、珠海泰坦科技股份有限公司、江苏万帮德和新能源科技股份有限公司、南京能瑞电力科技有限公司、北京新能源汽车股份有限公司。

本部分主要起草人：谢永胜、朱炯、葛得辉、俞波、周丽波、李旭玲、张萱、王阳、刘向立、马彦华、黄炘、孙军、李建祥、刘志凯、朱彬、陈良亮、吕国伟、唐攀攀、路小俊、陈卓、张璐、张伟、叶健诚、张建伟、曹智慧、万新航、王可、沈雪梅、周凌、李德胜、孙益兵、张大伟、吴可。

本部分所代替标准的历次版本发布情况为：

——NB/T 33008.2—2013。

本标准在执行过程中的意见或建议反馈至中国电力企业联合会标准化管理中心（北京市白广路二条一号，100761）。

电动汽车充电设备检验试验规范
第2部分：交流充电桩

1 范围

本部分规定了电动汽车交流充电桩（以下简称充电桩）的检验规则和试验方法。

本部分适用于充电模式3下连接方式A、连接方式B、连接方式C的充电桩。

本部分适用于充电桩的型式试验、出厂检验、到货验收。

本部分适用于NB/T 33002—2018规定的充电桩。

2 规范性引用文件

下列文件对于本文件的应用是必不可少的。凡是注日期的引用文件，仅注日期的版本适用于本文件。凡是不注日期的引用文件，其最新版本（包括所有的修改单）适用于本文件。

GB/T 2421.1—2008 电工电子产品环境试验 概述和指南

GB/T 2423.1—2008 电工电子产品环境试验 第2部分：试验方法 试验A：低温

GB/T 2423.2—2008 电工电子产品环境试验 第2部分：试验方法 试验B：高温

GB/T 2423.4—2008 电工电子产品环境试验 第2部分：试验方法 试验Db 交变湿热（12h+12h循环）

GB/T 2423.17—2008 电工电子产品环境试验 第2部分：试验方法 试验Ka：盐雾

GB/T 4208 外壳防护等级（IP代码）

GB 4824—2013 工业、科学和医疗（ISM）射频设备 骚扰特性 限值

和测量方法

GB/T 7251.1—2013　低压成套开关设备和控制设备　第 1 部分：总则

GB 16935.1　低压系统内设备的绝缘配合　第 1 部分：原理、要求和试验

GB/T 17625.2　电磁兼容　限值　对每相额定电流≤16A 且无条件接入的设备在公用低压供电系统中产生的电压变化、电压波动和闪烁的限制

GB/T 17625.7　电磁兼容　限值　对额定电流≤75A 且有条件接入的设备在公用低压供电系统中产生的电压变化、电压波动和闪烁的限制

GB/T 17626.2　电磁兼容　试验和测量技术　静电放电抗扰度试验

GB/T 17626.3　电磁兼容　试验和测量技术　射频电磁场辐射抗扰度试验

GB/T 17626.4　电磁兼容　试验和测量技术　电快速瞬变脉冲群抗扰度试验

GB/T 17626.5　电磁兼容　试验和测量技术　浪涌（冲击）抗扰度试验

GB/T 17626.6　电磁兼容　试验和测量技术　射频场感应的传导骚扰抗扰度

GB/T 17626.11　电磁兼容　试验和测量技术　电压暂降、短时中断和电压变化的抗扰度试验

GB/T 17626.34　电磁兼容　试验和测量技术　主电源每相电流大于 16A 的设备的电压暂降、短时中断和电压变化抗扰度试验

GB/T 18487.1—2015　电动汽车传导充电系统　第 1 部分：通用要求

GB/T 18487.2—2017　电动汽车传导充电系统　第 2 部分：非车载传导供电设备电磁兼容要求

GB/T 20234.1—2015　电动汽车传导充电用连接装置　第 1 部分：通用要求

GB/T 20234.2—2015　电动汽车传导充电用连接装置　第 2 部分：交流充电接口

GB/T 28569　电动汽车交流充电桩电能计量

GB/T 29317—2012　电动汽车充换电设施术语

GB/T 34657.1—2017　电动汽车传导充电互操作性测试规范　第 1 部分：供电设备

NB/T 33002—2018　电动汽车交流充电桩技术条件

3　术语和定义

GB/T 18487.1—2015、GB/T 18487.2—2017、GB/T 29317、NB/T 33002—2018 界定的术语和定义适用于本文件。

4　检验规则

4.1　检验分类

产品的检验分为型式试验、出厂检验和到货验收三类。

4.1.1　型式试验

在下列情况下，产品必须进行型式试验：

a）新投产的产品（包括转厂生产的产品），应在生产鉴定前进行型式试验；

b）当设计变更、工艺或主要元器件改变、影响产品性能时，应在投入生产前进行型式试验；

c）停产两年以上的产品，应在再次投入生产前进行型式试验。

4.1.2　出厂检验

每台产品均应进行出厂检验，经过生产厂家质量检验部门确认后，并具有证明产品合格的证明书方能出厂。

4.1.3　到货验收

收货单位宜对收到的产品在使用前进行到货检验，产品验收合格后方能投入使用。具体验收抽样方案由各收货单位自行决定。

4.2　试验项目

交流充电桩试验项目如表1所示。

表 1　交流充电桩试验项目表

序号	试验项目	型式试验	出厂检验	对应 NB/T 33002—2018 中技术要求
1	一般检查			
	外观检查	√	√	—
	标志检查	√	√	8.1
	基本构成检查	√	√	4
	机械开关设备检查	√	—	7.13
	防盗措施检查	√	—	7.3.4
2	功能试验			
	通信功能试验	√*	—	6.2
	充电连接装置检查	√	√	6.3
	锁止装置检查	√	√	6.4
	显示功能试验	√	√	6.5.1
	输入功能试验	√*	√*	6.5.2
	计量功能试验	√*	—	6.6
3	安全要求试验			
	输出短路保护试验	√	—	7.7.1
	过温保护试验	√	—	7.7.2
	急停保护试验	√*	√*	7.7.4
	接触器粘连监测试验	√	√	7.7.8
	接触电流试验	√	—	7.7.10
	漏电保护试验	√	—	7.7.11
4	充电模式和连接方式检查	√	—	6.8
5	电缆管理及贮存检查	√	—	—
6	内部温升试验	√	—	7.4
7	允许温度试验	√	—	7.5.1
8	电击防护试验			
	直接接触防护试验	√	—	
	开门保护试验	√*	√*	7.5.2
	动力电源输入失电试验	√	√	
9	电气间隙和爬电距离试验	√	—	7.5.3
10	绝缘性能试验			
	绝缘电阻试验	√	√	7.6.1
	介电强度试验	√	√	7.6.2
	冲击耐压试验	√	—	7.6.3

表 1（续）

序号	试验项目	型式试验	出厂检验	对应 NB/T 33002—2018 中技术要求
11	接地试验	√	√	7.5.4
12	待机功耗试验	√	—	7.10
13	控制导引试验			
	充电控制状态试验	√	√	6.1、7.8、7.9
	充电连接控制时序试验	√	√	
	控制导引电压限值试验	√	—	
	保护接地连续性试验	√	√	7.7.5
	控制导引信号异常试验	√	√	7.7.6
	断开开关 S2 再闭合试验	√	√	
	过流试验	√	—	7.7.7
14	噪声试验	√	—	7.12
15	机械强度试验	√	—	7.11
16	防护等级试验			
	防止固体异物进入试验	√	—	7.3.1
	防止水进入试验	√	—	
17	防盐雾试验	√	—	7.3.2
18	防锈（防氧化）试验	√	—	7.3.3
19	低温试验	√	—	7.14.1
20	高温试验	√	—	7.14.2
21	交变湿热试验	√	—	7.14.3
22	电磁兼容试验			
	抗扰度试验	√	—	7.15.2
	发射试验	√	—	7.15.3

注："√"表示必检项目；"√*"表示选检项目；"—"表示不测项目。

4.3 合格判定

型式试验和出厂检验的试验项目按照表 1 规定进行。被测产品对应检验类别的所有试验项目都符合要求后，才能判定此类别合格，否则判定为不合格。

5 试验方法

5.1 试验条件

5.1.1 试验系统

充电桩试验系统主要包括单相/三相可调交流电源、车辆插座、车辆控制模拟电路、交流电压和电流测量仪器以及单相/三相交流负载等，可配置上级监控系统或运营管理系统、主控机等，如图 1 所示。该试验系统适用于 5.3（除了 5.3.6）、5.4、5.7、5.8、5.9.2、5.9.3、5.14、5.15、5.20、5.21、5.22、5.23 的测试，其他测试项目的测试系统和测试用仪器详见具体章节要求。除另有规定，所有输出测试点均在车辆接口位置测试。

5.1.2 试验环境条件

在本标准中，除环境试验条件外，其他试验均在测量和试验用标准大气条件下进行。在每一项目的试验期间，试验环境条件应相对稳定，即：

a）环境温度：+15℃～+35℃；

b）相对湿度：45%～75%；

c）大气压力：86kPa～106kPa。

5.1.3 试验电源条件

试验时供电电源条件如下：

a）频率：50Hz±0.5Hz；

b）交流电源电压：220V/380V，允许偏差±5%；

c）交流电源波形：正弦波，波形畸变因数不大于 5%；

d）交流电源系统的不平衡度：不大于 5%。

5.1.4 试验仪器要求

除另有规定外，试验中所使用的仪器仪表应满足下列要求：

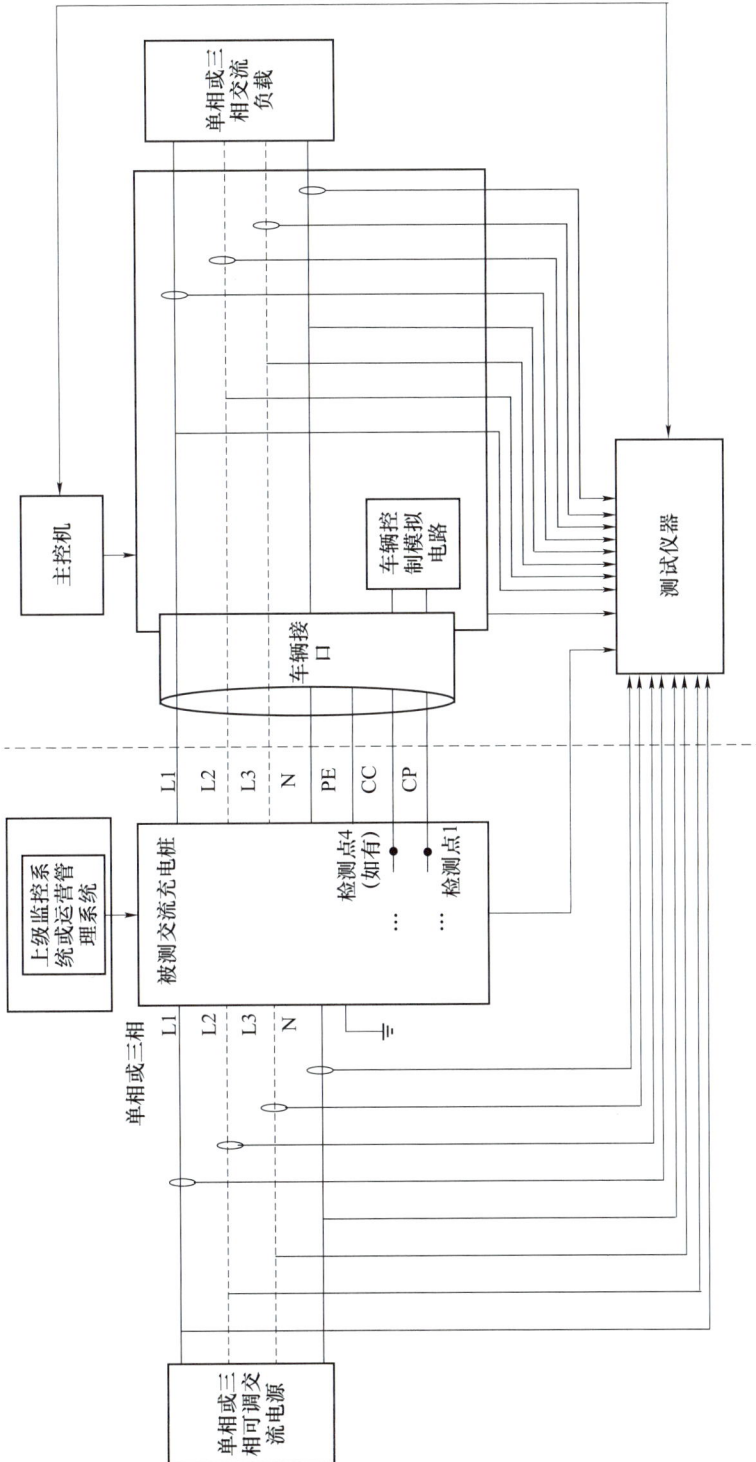

图 1 充电桩试验系统拓扑图

a) 所用测量仪器、仪表应通过计量检定或校准，证书在有效期内；

b) 测量仪器、仪表的测量范围应覆盖被测量的测量范围；

c) 测试仪器、仪表或系统的测量不确定度应优于被测量的允许误差的 1/3；

d) 测量值应在选用仪器、仪表量程的 1/5 以上。

5.1.5 试验负载

推荐使用 RLC 式负载，或电子负载。

5.2 一般检查

5.2.1 外观检查

目测检查充电桩（含充电连接装置）的外壳，应平整，无明显凹凸痕、划伤、变形等缺陷；表面涂镀层应均匀、不应脱落；零部件（含充电连接装置）应紧固可靠，无锈蚀、毛刺、裂纹等缺陷和损伤。

5.2.2 标志检查

目测检查充电桩铭牌位置和内容的正确性与完整性，铭牌内容应符合 NB/T 33002—2018 中 8.1.1 的规定。目测检查充电桩的接线、接地及安全标志的正确性与完整性。通过观察并用一块浸透蒸馏水的脱脂棉在约 15s 内擦拭 15 个来回，随后用一块浸透汽油的脱脂棉在约 15s 内擦拭 15 个来回，试验期间应用约 $2N/cm^2$ 的压力将脱脂棉压在标志上，试验后，标志仍应易于辨认。

5.2.3 基本构成检查

打开充电桩盖子或门，目测检查充电桩的基本构成应包括桩体和交流充电连接装置，其中，桩体应包含主电源回路、控制单元、人机交互界面等，宜包括计量计费单元等。

5.2.4 机械开关设备检查

5.2.4.1 开关和隔离开关

充电桩的开关和隔离开关应符合 GB/T 18487.1—2015 中 10.2.1 的规定或具备对应的证明材料。

5.2.4.2 接触器

充电桩的接触器应符合 GB/T 18487.1—2015 中 10.2.2 的规定或具备对应的证明材料。

5.2.4.3 断路器

充电桩的断路器应符合 GB/T 18487.1—2015 中 10.2.3 的规定或具备对应的证明材料。

5.2.4.4 继电器

充电桩的继电器应符合 GB/T 18487.1—2015 中 10.2.4 的规定或具备对应的证明材料。

5.2.4.5 剩余电流保护器

充电桩应单独配备剩余电流保护器，剩余电流保护器应符合 GB/T 18487.1—2015 中 10.3 的规定或具备对应的证明材料。

5.2.5 防盗措施检查

充电桩应具有防盗措施，或在产品安装说明书中有相关要求。

5.3 功能试验

5.3.1 通信功能试验

具备与厂家指定的上级监控系统或运营管理系统通信功能的充电桩，连接试验系统，在充电过程中，充电桩应能按照约定的协议要求进行通信。

5.3.2 充电连接装置检查

充电桩所配置的充电用连接装置应具备符合 GB/T 20234.1—2015、GB/T 20234.2—2015 规定的证明材料，或者按照 GB/T 34657.1—2017 中 6.2 规定的方法对供电插座（连接方式 A 或连接方式 B）、车辆插头（连接方式 C）的结构尺寸、插头空间尺寸（连接方式 C）进行复核。

5.3.3 锁止装置检查

将充电桩连接试验系统，启动充电，在充电过程中，按照以下步骤进行试验：

a) 对于采用连接方式 A 或连接方式 B 的充电桩，当充电桩额定电流大于 16A 时，供电插座应安装具有位置反馈功能的电子锁止装置。

b) 充电连接装置完全连接并启动充电桩，检测点 1 或检测点 4 的电压值应在允许充电的范围内，确认供电接口和/或车辆接口的机械锁止有效性；通过检查电子锁反馈信号是否与实际锁止状态对应，确认充电桩电子锁止有效性；通过检查机械锁止装置是否能被打开，确认电子锁止装置对机械锁止装置的联锁效果。

c) 当电子锁未可靠锁止时，充电桩不应允许充电。在整个充电过程中，充电桩电子锁应可靠锁止，不允许带电解锁且不应由人手直接操作解锁。

d) 正常充电结束后交流供电回路切断 100ms 内，检查电子锁不应被解锁。

e) 检查电子锁装置应具备应急解锁功能。

5.3.4 显示功能试验

将充电桩连接试验系统，在充电过程中，模拟待机状态、充电状态、故障或告警状态等，检查充电桩的显示信息或状态应符合 NB/T 33002—2018 中 6.5.1 的规定，且显示字符清晰、完整，没有缺损。

5.3.5 输入功能试验

把具备输入功能的充电桩连接试验系统，设置充电桩充电参数，充电桩应能正确进入充电过程并执行设置操作。在充电过程中，模拟进行启停操作，充电桩应能正确启动/停止充电。

5.3.6 计量功能试验

对于安装有电能表的充电桩，其电能计量功能应符合 GB/T 28569 的规定。

5.4 安全要求试验

5.4.1 输出短路保护试验

将充电桩连接试验系统，在交流供电回路导通前，模拟充电桩输出短路故障，充电桩不应允许充电；在充电过程中，模拟充电桩输出短路故障，充电桩应立即切断交流输出。

5.4.2 过温保护试验

对于额定电流大于 16A 时且采用连接方式 A 或连接方式 B 的充电桩，供电插座应设置温度监控装置。将充电桩连接试验系统，模拟充电桩充电接口温度超过过温保护值的情况，充电桩应降低 PWM 占空比或切断交流供电回路，并发出告警提示。

5.4.3 急停保护试验

安装急停开关的充电桩连接试验系统，并设置在额定负载状态下运行，按急停开关，检查充电桩应在 100ms 内切断交流供电回路。

5.4.4 接触器粘连监测试验

将充电桩连接试验系统，采用如短接输出或者触发交流接触器（或同类装置）反馈信号，模拟输出开关处于常闭状态（无法断开）或常开状态，启动充电，充电桩不应允许充电，并有告警提示。

5.4.5 接触电流试验

充电桩的接触电流应符合 GB/T 18487.1—2015 中 11.2 的规定。

5.4.6 漏电保护试验

将充电桩连接试验系统，在充电过程中，模拟漏电超过保护阈值，充电桩应立即切断交流供电回路。

5.5 充电模式和连接方式检查

目测检查充电桩采用的充电模式，应符合 GB/T 18487.1—2015 中 5.1 规定的充电模式 3；连接方式应采用 GB/T 18487.1—2015 中 3.1.3 规定的连接方式 A、连接方式 B、连接方式 C 中任意一种，额定电流大于 32A 的充电桩，应采用连接方式 C。

5.6 电缆管理及贮存检查

对于连接方式 C，充电桩应随桩配置车辆插头贮存装置，该装置可以与充电桩分离或固定在充电桩上。在未使用车辆插头时，车辆插头应存放在地面上方 0.5m～1.5m 处；对采用长度超过 7.5m 的电缆的充电桩，自由电缆长度不应超过 7.5m。对于车辆插头贮存装置与充电桩分离的产品，其产品说明书应有车辆插头贮存装置安装位置的相关说明。

5.7 内部温升试验

参考环境空气温度为 25℃，在充电桩被测部位安装测温元件，温度可用融化颗粒、变化指示器或热电偶进行测量。这些测量元件应放置到对被测定温度影响可忽略不计的地方，将盖子或门关好，将充电桩连接试验系统，输入额定电压，并设置在额定负载状态下运行，使各发热元件的温度逐渐升至热稳定。热稳定的定义参见 GB/T 2421.1—2008 中 4.8 的规定，温升试验应符合表 2 的规定。

表 2　充电桩各部件极限温升

部件或器件	极限温升 K
熔断器外壳	70
母线连接处 铜—铜 铜搪锡—铜搪锡 铜镀银—铜镀银	50 60 80

5.8　允许温度试验

将充电桩连接试验系统，并在环境温度 40℃和额定负载下运行，充电桩可触及部分最高允许温度应符合表 3 的规定。

表 3　充电桩可触及部分的最高允许温度

可触及部分	可接触部分材料	最高允许温度 ℃
手握可接触部分	金属材料	50
	非金属材料	60
可触及但非手握部分	金属材料	60
	非金属材料	85

5.9　电击防护试验

5.9.1　直接接触防护试验

按照 GB/T 4208 的方法进行直接接触防护试验。通过 IPXXC 试验试具进行试验，将试具推向充电桩外壳的任何开口，试验用力（3±0.3）N；如试具能进入一部分或全部进入，应在每一个可能的位置上活动，但挡盘不得穿入开口，且不应触及危险带电部件。

5.9.2　开门保护试验

对于充电桩盖子或门打开可造成带电部位露出的充电桩，在充电前，不使用工具打开充电桩盖子或门，充电桩应无法启动充电；将充电桩连接试验系统，并设置在额定负载状态下运行，不使用工具打开充电桩盖子或门，充电桩应切断交流供电回路，控制导引电路可保持通电。

5.9.3 动力电源输入失电试验

将充电桩连接试验系统，在充电过程中，模拟停止交流供电，检查充电桩应能在 1s 内将充电接口电压降至 42.4V AC（峰值）以下。

5.10 电气间隙和爬电距离试验

用量规或游标卡尺测量充电桩规定部位的最小间隙和爬电距离应符合表 4 的规定。表 4 中的爬电距离是对基本绝缘的规定值。

表 4　电气间隙和爬电距离

额定绝缘电压 V	电气间隙 mm	爬电距离 mm
$U_i \leqslant 60$	3.0	3.0
$60 < U_i \leqslant 300$	5.0	6.0
$300 < U_i \leqslant 700$	8.0	10.0
1. 具有不同额定值主电路或控制电路导电部分之间的电气间隙与爬电距离，应按最高额定绝缘电压选取。 2. 小母线、汇流排或不同级的裸露的带电导体之间，以及裸露的带电导体与未经绝缘的不带电导体之间的电气间隙不小于 12mm，爬电距离不小于 20mm。		
注 1：当主电路与控制电路或辅助电路的额定绝缘电压不一致时，其电气间隙和爬电距离可分别按其额定值选取。 注 2：印制板的电气间隙和爬电距离参考 GB 16935.1。 注 3：加强绝缘的爬电距离是基本绝缘的两倍。		

5.11 绝缘性能试验

5.11.1 绝缘电阻试验

在充电桩非电气连接的各带电回路之间、各独立带电回路与地（金属外壳）之间按表 5 规定施加直流电压，绝缘电阻不小于 $10M\Omega$。

5.11.2 介电强度试验

在充电桩非电气连接的各带电回路之间、各独立带电回路与地（金属外壳）之间按表 5 规定施加 1min 工频交流电压（也可采用直流电压，试验电压为交流电压有效值的 1.4 倍），试验时，充电桩泄漏电流值不应大于 10mA，试验部位不应出现绝缘击穿或闪络现象。

对采用绝缘材料外壳的充电桩进行试验，按照 GB/T 7251.1—2013 中 10.9.4 的方法进行试验。

5.11.3 冲击耐压试验

在充电桩非电气连接的各带电回路之间、各独立带电回路与地（金属外壳）之间按表 5 规定施加 3 次正极性和 3 次负极标准雷电波的短时冲击电压，每次间隙不小于 5s，脉冲波形 1.2/50μs，电源阻抗 500Ω。试验时其他回路和外露的导电部分接地，试验过程中，试验部位不应出现击穿放电，允许出现不导致损坏绝缘的闪络；如果出现闪络，则应复查介电强度，介电强度试验电压为规定值的 75%。

表 5　绝缘试验的试验等级

额定绝缘电压 V	绝缘电阻试验仪器的电压等级 V	介电强度试验电压 kV	冲击耐压试验电压 kV
$U_i \leqslant 60$	250	1.0（1.4）	±1.0
$60 < U_i \leqslant 300$	500	2.0（2.8）	±2.5
$300 < U_i \leqslant 700$	1000	2.4（3.36）	±6.0
出厂试验时，介电强度试验允许试验电压高于表中规定值的 10%，试验时间 1s。			

5.12 接地试验

检查充电桩的接地部件应符合以下的规定：

a） 充电桩金属壳体应设置接地螺栓，用量规或游标卡尺测量其直径不应小于 6mm，且有接地标志。

b） 充电桩的门、盖板、覆板和类似部件，应采用保护导体将这些部件和充电桩主体框架连接，用量规或游标卡尺测量保护导体的截面积不应小于 2.5mm²。

c） 通过电桥、接地电阻试验仪或数字式低电阻试验仪测量，充电桩内任意应该接地的点至总接地之间的电阻不应大于 0.1Ω，测量点不应少于 3 个；如果测量点涂敷防腐漆，需将防腐漆刮去，露出非绝缘材料后再进行试验，接地端子应有明显的标志。

5.13 待机功耗试验

对于具备待机功能的充电桩（一机双充及以下），在额定输入电压下，仅保留其后台通信、状态指示灯等基本功能的状态。充电桩的待机功耗不应大于 15W。

5.14 控制导引试验

5.14.1 充电控制状态试验

将充电桩连接试验系统，按照 GB/T 34657.1—2017 中 6.4.2 规定的方法进行试验，试验结果应符合对应合格评判的规定。对于一机多充式充电桩，应对每个充电接口分别进行试验，各接口的控制导引功能应该独立运行完全隔离。

5.14.2 充电连接控制时序试验

将充电桩连接试验系统，按照 GB/T 34657.1—2017 中 6.4.3 规定的方法进行试验，试验结果应符合对应合格评判的规定。

5.14.3 控制导引电压限值试验

将充电桩连接试验系统，按照 GB/T 34657.1—2017 中 6.4.5 规定的方法进行试验，试验结果应符合对应合格评判的规定。

5.14.4 保护接地连续性试验

将充电桩连接试验系统，按照 GB/T 34657.1—2017 中 6.4.4.4 规定的方法进行试验，试验结果应符合对应合格评判的规定。

5.14.5 控制导引信号异常试验

将充电桩连接试验系统，按照 GB/T 34657.1—2017 中 6.4.4.1、6.4.4.2、

6.4.4.3 规定的方法进行试验，试验结果应符合对应合格评判的规定。

5.14.6　断开开关 S2 再闭合试验

将充电桩连接试验系统，按照 GB/T 34657.1—2017 中 6.4.4.6 规定的方法进行试验，检查充电桩应在 100ms 内切断交流供电回路，并持续输出 PWM 信号，且其持续输出 PWM 信号的时间不应低于设定值（具备省电模式的充电桩，设定值不宜低于 24h）。在 PWM 持续输出时间内重新闭合开关 S2 时，检查充电桩应能导通交流供电回路。

5.14.7　过流试验

将充电桩连接试验系统，按照 GB/T 34657.1—2017 中 6.4.4.5 规定的方法进行试验，试验结果应符合对应合格评判的规定。

5.15　噪声试验

将充电桩放置在半消音室内，外部连接试验系统，并设置在额定负载状态下稳定运行。距充电桩前、后、左、右水平位置 1m 处，离地面高度 1m～1.5m 处测量噪声，测得的噪声最大值不应大于 55dB（A）。

5.16　机械强度试验

充电桩在−5℃环境下存放 2h 后，用弹簧锤进行机械强度试验，撞击能量 0.7J，分别对充电桩可接近表面的不同部位各进行 3 次撞击。试验后，检查盖板和壳体没有损坏或损坏时不触及带电部件及影响充电桩的使用；操动机构没有损坏；绝缘材料的敷层和护套没有损坏，如有需要，可以拆开壳体进行验证。

5.17　防护等级试验

5.17.1　防止固体异物进入试验

按照 GB/T 4208 的方法进行防止固体异物进入试验。

a）室外使用的充电桩应符合 IP5X 的规定，将充电桩放入密闭试验箱内进行试验，密闭试验箱内的粉末循环泵使滑石粉悬浮，滑石粉用金属方孔孔筛滤过，滑石粉用量按试验箱容积计算 $2kg/m^3$，试验持续 8h。试验后，观察滑石粉沉积量及沉积地点，应不足以影响充电桩的正常操作或安全，并且通电后充电桩运行正常。

b）室内使用的充电桩应符合 IP3X 的规定，将边缘无毛刺的直径 2.5mm 的试棒以 3.0N 的试验用力推入充电桩外壳开口处，试具的直径不能通过任何开口。

5.17.2 防止水进入试验

按照 GB/T 4208 的方法进行防止水进入试验。

a）室外使用的充电桩应符合 IPX4 的规定，可进行摆管喷水试验或喷头淋水试验。试验后，充电桩壳内无明显积水；或有进水，但不应影响充电桩的正常操作或没有破坏安全性，且通电后充电桩运行正常。

1）摆管喷水试验。将充电桩放在摆管下，使摆管与垂直方向±180°的范围内进行淋水，摆管最大半径 1.6m，充电桩与摆管最大距离 0.2m，摆管每孔流量 0.07L/min，试验持续 10min。

2）喷头淋水试验。使用喷头对充电桩进行淋水试验，水流量 12.5L/min，压力在 50kPa～150kPa 的范围内。试验期间压力应维持恒定，喷头需要除去平衡重物的挡板，使充电桩外壳各个可能的方向都受到溅水。试验时间按充电桩外壳表面积计算 $1min/m^2$，最少 5min。

b）室内使用的充电桩应符合 IPX2 的规定，将充电桩固定在滴水台上，外壳在 4 个固定的位置在两个互相垂直的平面上与垂线各倾斜 15°，滴水流量 3mm/min，每一个倾斜位置持续试验 2.5min。试验后，检查充电桩内无明显积水；或有进水，但不应影响充电桩的正常操作或破坏安全性，且通电后充电桩运行正常。

5.18　防盐雾试验

按照 GB/T 2423.17—2008 的方法进行试验，试验前将充电桩内印刷线路板、接插件等部件进行清洁，尽量避免手接触试样表面。将试样放入盐雾试验箱，试验所使用的盐为高品质的氯化钠。干燥时，碘化钠的含量不超过0.1%，杂质的总含量不超过 0.3%。盐溶液的浓度为（5±1）%（质量比），可通过将质量为（5±1）份的盐溶解在质量为 95 份的蒸馏水或去离子水中。试验中试验箱内温度为（35±2）℃，pH 值维持在 6.5～7.2 内，持续时间 48h。试验后小试样应在自来水下冲洗 5min，然后用蒸馏水或者去离子水冲洗，然后晃动或用气流干燥去掉水滴。试样在标准恢复条件下放置，不少于 1h，且不超过 2h。试验后进行目视检查试样表面盐沉积量，且符合 NB/T 33002—2018 中 7.3.2 的规定。

5.19　防锈（防氧化）试验

选取充电桩铁质外壳、暴露的铁制支架、零件以及非铁质的金属外壳等代表性试样或部件浸入四氯化碳、三氯乙烷或等效脱脂剂中浸泡 10min，去除所有的油脂，然后将部件浸入温度为（20±5）℃的氯化铵含量为 10%的水溶液中 10min。将试样上的液滴甩掉，但不擦干，然后将试样放进装有温度为（20±5）℃的饱和水汽的空气的容器中，时间为 10min。将试样置于温度为（100±5）℃的加热容器中烘干 10min，再置于室温 24h，试样表面应无任何锈迹。边缘上的锈迹和可擦掉的任何黄印可以忽略不计。

如果充电桩使用的外壳材料符合防锈（防氧化）相关要求，且没有对其进行过降低外壳性能的更改，则不需要按照 5.19 再进行外壳的试验。

5.20　低温试验

充电桩放入环境试验箱，按照 GB/T 2423.1—2008 的"试验 Ab：非散热试验样品温度渐变的低温试验"要求，试验温度：–20℃（室外型）或–5℃（室内型）。待环境试验箱试验温度稳定后，充电桩设置在额定负载状态下运行，充电桩显示功能、输入功能和通信功能应正常。试验温度持续 2h 后，在试验环境下充电桩充电控制导引、显示功能、输入功能、通信功能和保护功能应正常。

5.21 高温试验

充电桩放入环境试验箱，按照 GB/T 2423.2—2008 的"试验 Bb：非散热试验样品温度渐变的高温试验"要求，试验温度：50℃。待环境试验箱试验温度稳定后，充电桩设置在额定负载状态下运行，充电桩显示功能、输入功能和通信功能应正常。试验温度持续 2h 后，在试验环境下充电桩充电控制导引、显示功能、输入功能、通信功能和保护功能应正常。

5.22 交变湿热试验

充电桩放入环境试验箱，按照 GB/T 2423.4—2008 的"试验 Db：交变温热（12h+12h 循环）"要求，试验温度：40℃，循环次数：2 次。在湿热试验结束前 2h 进行绝缘电阻和介电强度复试，绝缘电阻不应小于 1MΩ，介电强度按要求的 75% 施加测量电压。试验结束后，在环境箱内恢复至正常大气条件，通电后充电桩充电控制导引、显示功能、输入功能、通信功能和保护功能应正常。

5.23 电磁兼容试验

5.23.1 概述

充电桩应符合本章节规定的电磁兼容试验以及抗扰度要求和发射要求。所有电磁兼容试验项目可按照任何顺序进行试验。本章节涉及的电磁兼容要求是基于充电桩的端口和安装使用环境给出的。充电桩端口主要分为外壳端口、交流电源输入端口、信号/控制端口、有线网络端口和传导电能传输端口（以下简称 CPT 端口），各端口定义详见 GB/T 18487.2—2017 中 3.1。制造商应说明充电桩的安装使用环境。当制造商未规定充电桩的预期使用环境时，应实施最严格的发射和抗扰度试验，即采用最低的发射限值和最高的抗扰度试验等级。

5.23.2　充电桩的试验配置

所有试验应使用由制造商提供的典型的充电桩和通信电缆（在 CPT 端口）。若充电桩未提供电缆，试验应在电缆的典型长度下进行。

5.23.3　充电桩的试验负载条件

充电桩的 CPT 端口应连接到 AE（辅助设备），该 AE 包括由 AN（人工网络）和/或 ISN（阻抗稳定网络）所形成的试验系统，并与可调电阻负载相连。若充电桩具有大量类似端口或连接器的端口，则应选择足够数量的端口来模拟实际运行状况，并确保覆盖了所有不同类型的终端，如所有端口数量的 20%或至少 4 个端口。

5.23.4　测试过程中的操作条件

试验计划中应规定充电桩的配置和运行模式，且试验报告中应准确记录试验时的实际条件。试验应在充电桩规定的工作范围和额定输入电压下实施，试验中应对待机模式和充电模式两种运行模式进行评估。

5.23.5　抗扰度试验

5.23.5.1　概述

充电桩应考虑在待机模式和充电模式两种运行模式下进行试验，详见表 6 和表 7。在充电模式下进行试验时应调节阻性负载，使得充电桩在额定输出电压情况下，试验在额定功率的 50%下进行。

5.23.5.2　试验要求

根据充电桩安装使用环境，在非住宅环境中使用的充电桩试验要求见表 6，在住宅环境中使用的充电桩试验要求见表 7。后续表中所有提及的"信号/控制端口"均指充电桩的电源输入侧的端口。充电桩电源输出和负载侧无浪涌抗扰度要求，除非制造商说明书中规定的典型充电电缆超过 30m。

表 6　交流充电桩抗扰度要求（非住宅环境）

试验项目	参考标准	试验端口	受试设备的工作模式	试验要求	单位	性能判据	备注
静电放电抗扰度	GB/T 17626.2	外壳	待机和充电模式	±6（接触） ±8（空气）	kV kV	B	—
射频电磁场辐射抗扰度	GB/T 17626.3	外壳	待机和充电模式	10 （80MHz～1GHz，1.4GHz～2.7GHz）	V/m	A	规定的未调制载波值试验等级为有效值
电快速瞬变脉冲群抗扰度	GB/T 17626.4	交流电源输入	待机和充电模式	±4 5/50 100	kV Tr/Th，ns 重复频率，kHz	B	—
		有线网络和信号/控制	待机和充电模式	±2 5/50 100	kV Tr/Th，ns 重复频率，kHz	B	仅适用于连接线缆总长超过3m的端口
		CPT	待机模式	±2 5/50 100	kV Tr/Th，ns 重复频率，kHz	B	—
浪涌抗扰度	GB/T 17626.5	交流电源输入	待机和充电模式	1.2/50（8/20） 共模±4 差模±2	μs kV kV	B	电压逐级施加
		交流电源输入	待机和充电模式	1.2/50（8/20） 共模±2 差模±1	μs kV kV	B	（1）电压逐级施加； （2）仅适用于连接线缆总长超过30m的端口
		有线网络和信号/控制	待机和充电模式	10/700（5/320） ±2	μs kV	B	（1）适用于屏蔽接地（地线），此试验不适用于信号/控制端口； （2）仅适用于连接线缆总长超过30m的端口

...

表 6（续）

试验项目	参考标准	试验端口	受试设备的工作模式	试验要求	单位	性能判据	备注
浪涌抗扰度	GB/T 17626.5	CPT	待机模式	1.2/50（8/20）共模±2 差模±1	μs kV kV	B	（1）电压逐级施加；（2）仅适用于连接线缆总长超过30m的端口
射频场感应的传导骚扰抗扰度	GB/T 17626.6	交流电源输入	待机和充电模式	10（0.15MHz~80MHz）	V（rms）	A	—
		有线网络和信号/控制	待机和充电模式	10（0.15MHz~80MHz）	V（rms）	A	仅适用于连接线缆总长超过30m的端口
		CPT	待机和充电模式	10（0.15MHz~80MHz）	V（rms）	A	—
电压暂降和短时中断抗扰度	GB/T 17626.11（≤16A）GB/T 17626.34（>16A）	交流电源输入	待机和充电模式	40%，持续10周期 70%，持续25周期 80%，持续250周期 0%，持续250周期	—	B B B C	—

表 7 交流充电桩抗扰度要求（住宅环境）

试验项目	参考标准	试验端口	受试设备的工作模式	试验要求	单位	性能判据	备注
静电放电抗扰度	GB/T 17626.2	外壳	待机和充电模式	±6（接触）±8（空气）	kV kV	B	—
射频电磁场辐射抗扰度	GB/T 17626.3	外壳	待机和充电模式	3（80MHz~1GHz，1.4GHz~2.7GHz）	V/m	A	规定的未调制载波值试验等级为有效值

表 7（续）

试验项目	参考标准	试验端口	受试设备的工作模式	试验要求	单位	性能判据	备注
电快速瞬变脉冲群抗扰度	GB/T 17626.4	交流电源输入	待机和充电模式	±2 5/50 100	kV Tr/Th, ns 重复频率, kHz	B	—
		有线网络和信号/控制	待机和充电模式	±1 5/50 100	kV Tr/Th, ns 重复频率, kHz	B	仅适用于连接线缆总长超过3m的端口
		CPT	待机模式	±2 5/50 100	kV Tr/Th, ns 重复频率, kHz	B	仅适用于连接线缆总长超过30m的端口
浪涌抗扰度	GB/T 17626.5	交流电源输入	待机和充电模式	1.2/50（8/20） 共模±2 差模±1	μs kV kV	B	电压逐级施加
		有线网络和信号/控制	待机和充电模式	1.2/50（8/20） 共模±2 差模±1	μs kV kV	B	（1）电压逐级施加； （2）仅适用于连接线缆总长超过30m的端口
射频场感应的传导骚扰抗扰度	GB/T 17626.6	交流电源输入	待机和充电模式	3 （0.15MHz～80MHz）	V（rms）	A	—
		有线网络和信号/控制	待机和充电模式	3 （0.15MHz～80MHz）	V（rms）	A	仅适用于连接线缆总长超过30m的端口
		CPT	待机和充电模式	3 （0.15MHz～80MHz）	V（rms）	A	仅适用于连接线缆总长超过30m的端口
电压暂降和短时中断抗扰度	GB/T 17626.11（≤16A） GB/T 17626.34（>16A）	交流电源输入	待机和充电模式	40%，持续10周期 70%，持续25周期 80%，持续250周期 0%，持续250周期	—	B B B C	—

5.23.5.3　性能判据

充电桩制造商应提供电磁兼容试验过程中或试验后的功能描述和性能判据定义。性能判据等级如下：

a）　性能判据 A。试验实施的过程中或试验后，充电桩应在制造商所定义的容许范围内，按照预期继续运行。其运行状态不允许改变（即充电模式下继续保持充电，待机模式下保持闲置状态）。

> 注：状态的改变包括 PWM 信号的变化。

b）　性能判据 B。试验完成后，充电桩应在制造商所定义的容许范围内，按照预期继续运行。此外，在试验实施过程中，应保持充电桩的主要功能（在制造商所定义的容许范围内）。次要功能（包括显示等）在试验过程中允许性能降级，但应在试验后恢复到初始状态。试验实施后，充电桩不应改变其运行状态（即充电模式下继续保持充电，待机模式下保持闲置状态）。

> 注 1：状态的改变包括 PWM 信号的变化。
>
> 注 2：对于电压暂降和短时中断抗扰度测试，如果进行了充电过程中规定的人工操作，如刷卡或者充电启动等，可视为符合性能判据 B。

c）　性能判据 C。试验实施的过程中和试验后，充电桩为故障保护状态。如已符合 GB/T 18487.1—2015 中定义的安全要求，这种状态需要用户干预以重启充电或自动恢复充电。

5.23.6　发射试验

5.23.6.1　概述

发射试验均在充电模式下进行，调节阻性负荷，使得充电桩在额定输出电压情况下，发射测量在功率分别为额定功率的 20%、50% 和 80% 状态下进行。

5.23.6.2　低频骚扰的限值和试验条件

表 8 规定了低频骚扰现象的评估要求。

表 8　低频骚扰现象的评估要求

试验项目	参考标准	试验端口	备注
电压波动和闪烁	GB/T 17625.2（每相额定电流≤16A）GB/T 17625.7（每相额定电流＞16A 且≤75A）	交流电源输入	（1）不适用于采用机电式开关的充电桩；（2）充电桩在需在待机模式下测试

5.23.6.3　射频骚扰的限值和试验条件

基于本部分的目的，充电桩按照其应用环境进行分类。这些定义详见 GB 4824—2013 第 5 章并汇总如下：

a)　A 类设备是非家用和不直接连接到住宅低压供电网设施中使用的设备。A 类设备应满足 A 类限值。对于 A 类设备，产品附带的使用说明书应包含以下警告：此设备不能应用于居住环境，在这类环境中可能无法对无线电通信提供充分的保护。

b)　B 类设备是家用设备和直接连接到住宅低压供电网设施中使用的设备。B 类设备应满足 B 类限值。表 9 规定了射频骚扰的评估要求。

表 9　射频骚扰的评估要求

试验项目	参考标准	试验端口	备注
传导骚扰（150kHz～30MHz）	GB 4824—2013	交流电源输入	对于任何 A 类或 B 类设备骚扰电压限值见 GB 4824—2013 中的表 2 或表 3
	GB/T 18487.2—2017 8.3.3	CPT	—
	GB/T 18487.2—2017 8.3.4	有线网络和信号/控制端口	1）单独连接到 CAN 总线的网络端口无须进行符合性验证；2）充电桩的有线网络端口，如它们将连接到公共交换电话网络（PSTN）的物理用户线，需要进行测量；3）充电桩的信号/控制端口，若它们将连接到本地监督或电力调度系统，旨在通过多个本地供电设备进行电源传输管理，需要进行测量
辐射骚扰（2kHz～185kHz）	GB/T 18487.2—2017 8.3.5.1	外壳	保护车辆无钥匙进入系统的要求
辐射骚扰（30MHz～1GHz）	GB 4824—2013	外壳	对于任何类型 A 类或 B 类设备，辐射骚扰限值分别见 GB 4824—2013 中的表 4 或表 5